建国

60

周年安徽重要考古成果展

专辑图录（上）

安 徽 省 文 物 局
安徽省文物考古研究所　编著

文物出版社

责任印制　梁秋卉
美术编辑　周小玮
责任编辑　谷艳雪

图书在版编目（ＣＩＰ）数据

建国60周年安徽重要考古成果展专辑图录 ／ 安徽省文物局，安徽省文物考古研究所编著. －－ 北京 ：文物出版社，2014.12

ISBN 978－7－5010－4151－0

Ⅰ．①建… Ⅱ．①安… ②安… Ⅲ．①文物－安徽省－图集 Ⅳ．①K872.540.2

中国版本图书馆CIP数据核字(2014)第262317号

建国60周年安徽重要考古成果展专辑图录

编　　著　安徽省文物局
　　　　　安徽省文物考古研究所

出版发行　文物出版社
社　　址　北京市东直门内北小街2号楼
网　　址　www.wenwu.com
邮　　箱　web@wenwu.com
制　　版　北京图文天地制版印刷有限公司
印　　刷　北京图文天地制版印刷有限公司
经　　销　新华书店
开　　本　889×1194　1/16
印　　张　32
版　　次　2014年12月第1版
印　　次　2014年12月第1次印刷
书　　号　ISBN 978－7－5010－4151－0
定　　价　780.00元（全二册）

《建国60周年安徽重要考古成果展专辑图录》编委会

参展单位 （按展出顺序）

尤其是改革开放以来，伴随着我省经济社会的发展与党和政府对文化建设的重视，我省考古新发现层出不穷，接连取得了诸如繁昌人字洞遗址、和县猿人、薛家岗文化、凌家滩文化、皖南古代铜矿、蚌埠双墩一号春秋墓、寿县寿春城、六安双墩汉墓、马鞍山朱然墓、淮北柳孜大运河遗址、繁昌宋代窑址等一大批享誉中外的重大考古新发现和新成果，其中有6项考古发掘被评为全国十大考古发现，填补了考古史上的一些空白。特别是一些考古新发现已转化为重要的人文资源，被各级人民政府公布为重点文物保护单位和爱国主义教育基地，在安徽的经济和社会发展中发挥着重要作用。

在喜迎第四个"文化遗产日"和建国60周年之际，我们隆重推出这个展览，就是要弘扬中华文明，展示安徽丰厚的历史文化资源和考古成果，领悟先辈们的聪明才智和创造力量，以便为加速安徽崛起、构建和谐社会做出应有的贡献。

前 言

安徽襟江带淮，地腴物丰，人文荟萃，山河壮丽。自古以来江淮大地就有人类的栖居，历代先民创造的璀璨文化，犹如夜空繁星，恒久闪耀，凝聚着中华文明的智慧结晶。

六十年前，安徽的文物考古工作几乎是个空白。新中国成立以来，党和各级人民政府十分重视文物保护工作，我省的考古工作从无到有，发现众多，研究成果丰硕。在国民经济恢复和发展时期，大批出土的文物得到有效保护，取得了阜南商代青铜器、屯溪土墩墓、寿县蔡侯墓、阜阳西汉汝阴侯墓、合肥包拯家族墓地等一大批考古新发现。改革开放以来，随着我省社会经济的快速发展与党和政府对文化建设的重视，文物考古部门遵循"保护为主，抢救第一"的文物工作方针，坚持"既对基本建设有利，又对文物保护有利"的原则，紧紧围绕经济建设中心和重大学术课题研究，积极开展文物考古工作，抢救和保护了大批珍贵文物。这一时期考古新发现层出不穷，取得了诸如繁昌人字洞遗址、和县直立人、薛家岗文化、凌家滩文化、固镇垓下大汶口文化城址、皖南古代铜矿、蚌埠双墩一号春秋墓、寿县寿春城、六安双墩汉墓、马鞍山朱然墓、淮北柳孜运河遗址等一大批享誉中外的重大考古新发现和新成果。尤其是20世纪90年代开始评选年度全国十大考古发现以来，我省已有7项成果当选为当年的全国十大考古发现，另有1项获提名奖。这些考古新发现内涵丰富，上迄200多万年前，下至明清时期，涵盖各个历史阶段，涉及诸多领域，揭示了许多历史之谜，填补了许多历史空白，对研究古代政治、军事、经济、科技、文化等社会各个方面具有重要的科学与历史价值。这些新发现和新成果，扩展了人类社会认识历史的视野，丰富补充了历史科学的内涵，展现了安徽远古的历史和灿烂的文化，昭示着江淮大地在探索人类起源和中华文明形成与发展中占有重要的地位。特别是一些考古新发现已转化为重要的人文资源，得到社会的广泛关注，被各级人民政府公布为重点文物保护单位和爱国主义教育基地，在安徽的经济和社会发展中发挥着积极作用。

在喜迎第四个文化遗产日和建国六十周年之际，围绕文化遗产日"保护文化遗产，促进科学发展"的主题，我们集合了全省文物系统五十多家单位的珍稀宝藏，联袂举办了"建国60周年安徽重要考古成果展"，旨在弘扬中华文明，向广大观众展览安徽丰厚的历史文化资源和最新考古成果，展示先辈们的聪明才智和创造力量，展现安徽这块热土的魅力，激发观众的爱国热情，振奋民族精神，凝聚人民力量，为加速安徽崛起做出新的贡献。

"建国60周年安徽重要考古成果展"分为序厅、人类起源、文明曙光、商周瑰宝、汉晋风流、唐宋菁华、元明清辉等部分，展出出土文物800余件，种类有化石标本、石器、陶器、玉器、青铜器、金银器、瓷器、漆木器等，主题突出，图文并茂，精品纷呈，是安徽省近十年来举办的最重要的文物展览之一。展览自6月13日文化遗产日正式开展以来，观众十分踊跃，盛况空前，深受社会的欢迎和喜爱。为了记录这个精彩而难忘的展览，我们特编辑这本专辑图录，以飨广大读者。

编　者

2010年6月

目 录

建国60周年安徽考古
发现与研究概述

安徽襟江带淮，地腴物丰，钟灵毓秀，山河壮丽。自古以来江淮大地就有人类的栖居，悠久的历史，独特的自然地理和人文环境，孕育了绚丽多姿的辉煌文化，遗留有众多的文物古迹，是中华文明宝库中的一颗璀璨明珠。

一　六十年来考古工作的回顾

1949年以前，安徽的文物考古工作几乎是个空白。中华人民共和国成立以来，党和国家各级人民政府十分重视文物保护工作。在国民经济恢复和发展时期，在治淮、农田改造和生产建设活动中，大批出土文物得到了有效保护，取得了阜南月儿河和肥西馆驿商代青铜器群、屯溪飞机场土墩墓、寿县蔡侯墓、阜阳西汉汝阴侯墓、天长北岗西汉墓群、寿县安丰塘汉代坝堰遗址、亳州曹氏宗族墓群、合肥包拯家族墓地、休宁南宋朱晞颜夫妇墓、安庆元代范文虎夫妇墓、合肥元代银器窖藏、蚌埠明汤和墓等一大批在全国产生重要影响的考古新发现。诸如阜南月儿河和肥西馆驿商代铜器群的发现，揭示了淮河流域青铜文化的面貌；寿县蔡侯墓出土的大批青铜器，是继1923年河南新郑铜器群之后的又一重要发现，成为研究春秋晚期铜器的重要标尺；屯溪土墩墓的发掘，首次揭示出江南地区吴越民族的独特的葬俗和文化内涵；一批重要历代

名人墓和古墓群的发现，为研究历史名人和古代埋葬制度提供了重要的实物资料。

改革开放以来，安徽省的文物考古工作呈现出良好的发展势头。首先，我省文物考古队伍得到充实和壮大，同时一些中央科研单位和高校也相继在安徽开展考古研究和实习，大大推动了本地区考古研究工作；其次，随着全国第二、三次文物大普查的开展，在全省境内发现大批鲜为人知的重要文物考古遗存，为深入开展考古学术研究积累了资料；其三，这一时期地层学、类型学以及区系类型等考古学理论和方法的日臻成熟和完善，以及现代科学技术手段的逐步应用，进一步拓宽了考古研究的思路和领域。这些都为文物考古工作的快速发展奠定了基础。1979年潜山薛家岗遗址的发掘，标志着我省以课题研究为重点的大规模田野考古发掘与研究的开始。20世纪80年代以来，在国家文物局的支持下，围绕江淮地区古人类探索、苏鲁豫皖先秦考古学文化（淮北区）、皖南古铜矿、水阳江旧石器时代文化、薛家岗文化、夏商文化、楚文化等课题的研究，先后开展了一系列考古调查，并重点发掘了和县龙潭洞、望江汪洋庙、宿松黄鳝嘴、含山大城墩、定远侯家寨、肥西古埂、霍邱红墩寺、皖南古铜矿、舒城九里墩春秋墓、寿县寿春城、长丰

杨公楚墓、马鞍山朱然墓等遗址和墓葬，取得了和县猿人、巢县智人等一系列考古重要发现和研究成果。进入20世纪90年代以来，随着我国改革开放和经济建设的步伐加快，全省范围内以经济建设为中心的大规模建设高潮迭起，配合基本建设开展考古工作给考古研究带来了重要机遇。文物考古部门遵循"保护为主，抢救第一"的文物工作方针，坚持"既对基本建设有利，又对文物保护有利"的原则，紧紧围绕经济建设中心和中华文明探源等重大学术课题研究，积极开展文物考古工作，抢救和保护了大批珍贵文物。这一时期考古新发现层出不穷，取得了诸如繁昌人字洞遗址、蚌埠双墩遗址、凌家滩文化、望江黄家堰遗址、蒙城尉迟寺遗址、南陵牯牛山遗址、蚌埠双墩一号春秋墓、天长三角圩西汉墓、六安双墩汉墓、巢湖放王岗西汉墓、萧县汉墓群、潜山公山岗古墓群、淮北和宿州隋唐大运河遗址、繁昌宋代窑址等一大批享誉中外的重大考古新发现和新成果。尤其是20世纪90年代开评年度全国十大考古发现活动以来，我省已有天长三角圩西汉墓群（1992年）、蒙城尉迟寺新石器时代遗址（1994年）、含山凌家滩新石器时代遗址（1998年）、淮北柳孜隋唐大运河遗址（1999年）、六安双墩汉代墓地（2006年）、蚌埠双墩一号春秋墓（2008年）、固镇垓下大汶口文化晚期城址（2009年）等7项发掘获评当年度全国十大考古新发现，巢湖放王岗西汉墓（1996年）获全国十大考古新发现提名奖。

二　六十年来考古研究的主要成果

六十年来，安徽考古的新发现和新成果层出不穷，填补了许多历史空白，在学术上取得了重要的收获。

（一）旧石器时代

安徽是古人类化石和旧石器文化分布十分丰富的地区。1998年以来，在繁昌人字洞发现了一批早更新世早期的灵长类化石，伴出动物群化石含古老种属比例较大，有的是第三纪残存种属。引人注目的是该地点出土了大批同时期的石器和骨器，有的石料为铁矿石，十分罕见，距今约240万～200万年。人字洞遗址所出石器年代之早，在国内尚属首次发现，为探寻中国境内早期人类起源提供了重要线索，在学术上取得了重大突破。在古人类研究方面，和县猿人和巢县智人的发现填补了我省无古人类化石的空白。1980年10月和1981年6月曾对和县龙潭洞遗址进行过两次考古发掘，获得人类化石头盖骨1个、下颌骨1段、顶骨1块、额骨眶上部1块以及上、下臼齿11枚和上内侧门齿1枚，这些化石材料至少代表了青年、壮年和老年3个以上个体。和县猿人的体质特征接近于北京猿人，但比北京猿人进步，是一种进步类型的直立人，其生存年代距今约28万年。1982年至1986年，对巢县（今巢湖市）银山遗址进行了3次发掘，在银山西侧一洞穴堆积中发现不完整的人类枕骨1块、附连3枚牙齿的左上颌骨1块以及3枚零星牙齿。根据化石形态特征，体质特征与猿人的枕骨相似，但骨壁较薄，与早期智人的某些特征相近，可归为早期智人。其时代约相当于北京猿人地点4～1层或稍晚，距今20万～16万年。这两处古人类化石地点的发现，扩大了我国古人类的分布范围。与和县猿人、巢县智人伴生的动物群化石有60多种，兼具南、北方动物群的特点，属于森林—草原环境。这一特点证实了裴文中先生关于"淮河区是第四纪哺乳动物南北过渡区"的观点，对研究淮河地区更新世中期人类与生态环境的变迁具有重要的价值。2006年，在东至县华龙洞（梅源山）旧石器地点出土人牙化石1颗，有明显加工和使用痕迹的石器、骨器473件，动物碎骨化石近8万件。出土的人牙化石，个体比较粗壮，经鉴定为人的下臼齿（M_1）。动物化石有中国犀、东方剑齿象、棕熊、貘、大熊猫、野猪、羚羊、麂、鼠、水牛、鹿、獾、龟等16种。华龙洞遗址人牙化石用铀系测年，火烧石用热释光测年，二者测得的初步年代估算值都在距今10万年至8万年。华龙洞遗址出土的人牙化石、石器、骨器及大量的动物群化石，对研究现代人类起源和古气候、古环境的变迁，具有重要的学术价值。

安徽地区的旧石器地点于1987年首次在皖南水阳江流域发现以来，目前全省各地的发现已达50多处。一类属南方砾石文化类型，主要分布在水阳江、巢湖、长江沿岸及皖河流域。水阳江流域旧石器点多面广，遗物丰富，研究也比较深入。这里的石器埋藏环境包含于网纹红土和下蜀黄土层，属风尘成因的堆积，所含时代包括旧石器时代早期到中期，距今约90万～15万年。所见石器以大型石英砂质砾石石器为主，包括石片、石核、刮削器、砍砸器、尖状器和镐等。石器的打片方法基本为锤击法，个别使用碰砧法。其中宣州陈山遗址堆积厚达11米，石器埋藏剖面比较典型，在长江下游地区具有标尺作用。1997年，在宁国毛竹山遗址发现一处旧石器时代早期半圆形砾石环带遗迹，东西长10米，南北宽6米，面积60平方米，环带中空，宽2米，由1200多件石制品和砾石构成。初步统计，石制品与砾石的比例为1：20。石制品多为石片、石核，成形的工具较少，种类有砍砸器、刮削器和镐等。根据底层判断砾石环带的时代为旧石器时代早期，绝对年代大于40万年。毛竹山早期砾石环带遗迹在国内尚属罕见，其用途很可能与早期露天营地或石器制造场有关，对研究早期人类的生产和生活行为具有重要的价值。另一类属小石器文化，主要分布在皖河流域的怀宁腊树、潜山彭岭等地。这类石器埋藏在灰白色黏土层中，以石英石为原料，种类有石片、石核、刮削器等，形体较小，总体特征接近北方石片石器文化，年代属旧石器时代晚期。在淮北地区五河西尤遗址发现的石器，包括石核、刮削器等，并伴有古菱齿象化石，为河流相沉积，年代为距今3万年前的晚更新世，填补了淮北平原地带旧石器考古的空白。

（二）新石器时代

安徽境内已发现的新石器时代遗址有数百处，遍布全省各地。根据已有的考古发现和研究成果，可以粗略地勾画出本地区新石器时代考古学文化区系类型的谱系框架。

皖北地区目前发现的考古学文化，从相对年代上大体可划分为小山口一期文化→石山子类型→后铁营类型→大汶口文化→龙山时期文化等若干阶段。宿州小山口一期文化是目前安徽地区发现年代最早的新石器时代文化遗存，距今约8000年。所出石器有斧、锛、磨盘、磨棒，以及尖状器、刮削器等。陶器以红褐陶为主，流行附加堆纹、指甲纹、戳印纹等，器形有釜、罐、盆、支座等，不见鼎。小山口一期与黄河流域的后李文化、裴李岗文化的年代相近，但文化面貌有一定的差别，具有自身的特点，可作为一个地方文化类型。以濉溪石山子遗址为代表的石山子类型，年代上晚于小山口一期文化，但存在一定的承袭关系，主要分布在淮北北部。该类型陶器厚重，不少陶片夹有蚌末，半月形扁耳鋬手、鸟首形耳突等附件发达，器形有釜、罐、钵、盆、盂、鼎、柱形支座、鹿角靴形器等。其中鹿角靴形器较有特色。这一文化类型与山东北辛文化有不少相似之处，年代也大体相当。后铁营类型于1993年发现，目前仅见于亳州后铁营遗址及墓地。这一文化类型的陶器以泥质红黄陶为主，少数为泥质黑陶，器形有直筒杯、罐形鼎、釜形鼎、钵形鼎、平底碗、盆、壶等。壶、罐器物流行鸟首形耳突，少数豆的圈足上有盲孔。所见墓葬多为二次葬。后铁营类型与石山子类型有一定的联系，但差别较大，时代应晚于后者，可能与大汶口文化早期相当。大汶口文化中晚期遗址在淮北有广泛分布，以亳州傅庄和蒙城尉迟寺最为典型。1982年发掘的亳州傅庄遗址，包含有大汶口文化中期偏晚的墓葬和龙山时期的地层。墓葬出土的背壶、罐形鼎、盂、杯、灰陶尊等陶器以及拔牙习俗，均具有典型大汶口文化的特征，而双腹式盆形鼎、豆等陶器以及盛行多人一次葬的葬俗，又显示出一定的地方特征，可作为大汶口文化的一个地方

类型，即傅庄类型。1989年至2002年，对蒙城尉迟寺遗址进行13次发掘，遗址以红烧土广场为中心，有大型红烧土排房、兽坑、祭祀坑以及墓葬、儿童瓮棺葬等，外有围壕环绕，是淮北地区一处保存完整的大汶口晚期聚落遗址。这里出土的常用陶器的器形与山东大汶口文化晚期同类器雷同，并在大口尊上发现5种涂朱刻划符号，与山东地区发现的符号也相同。尉迟寺一期文化具有大汶口文化晚期的一般特征，但自身特点也很浓厚，可作为一个新的地方类型，即尉迟寺类型。2008年至2009年，在固镇垓下遗址发现大汶口晚期城址1座，圆角长方形，面积15万平方米。城垣堆筑，残高三四米，保存较好，是目前大汶口时期发现的第二座城址，对探索黄淮地区早期文明具有重要价值。淮北地区发现的龙山时期遗存，主要有亳州傅庄上层、宿州芦城孜、萧县花家寺、蒙城尉迟寺二期等。淮北地处河南龙山文化与山东龙山文化南下交互影响地带，其中皖西北片与河南龙山文化造律台类型关系密切，至龙山文化中、晚期，皖东北地区山东龙山文化因素较多，总体地方特征不甚明显。

江淮地区新石器时代文化，可分为江淮北部和皖西南两个区域。江淮北部包括沿淮、巢湖流域和长江沿岸，目前考古发现以双墩文化年代最早，距今7300～6000年。该文化以蚌埠双墩、定远侯家寨遗址为代表，早期的陶器以釜、罐、碗及祖形支座为主，晚期以鼎、罐、豆、碗、盆等为主，具有淮河中游早期原始文化的特点。遗址内出土600多个刻划符号，达几十种，是研究早期汉字起源的重要资料。双墩文化之后，有侯家寨上层、含山大城墩下层、肥西古埂下层等为代表的一类文化遗存。主要器形有鼎、釜、支座、钵、罐、豆、甑、壶、盂、盘等，其中釜形鼎、束颈罐形鼎、带把壶形鼎、平底钵、盆形甑、圈足钵、彩绘圈足盘、

小盂、红彩圈足碗、三足盘、鸟首形器耳等比较典型，既有地方特色又与大汶口早期、北阴阳营文化有相近之处，时代大体相当。1987年至2007年对含山凌家滩遗址进行5次发掘，发现有祭坛、氏族墓地、大型红烧土块建筑遗迹等，出土了大批玉石器、陶器等。陶器具有自身特点，但也有一些器形如实足鬶、钵形豆、双曲腹壶等，与薛家岗文化及崧泽文化面貌相似。经碳十四年代测定，该遗址距今约5300年。凌家滩出土的大批玉、石器十分精美，颇具特色，如玉人、玉龙、玉鹰、玉虎、玉龟、玉版等，均构思新颖，寓意神秘，制作精致，表现出相当高的琢玉技术水平，是史前重要的治玉中心之一。凌家滩遗址是巢湖流域大型中心聚落遗址，对研究文明起源具有重大意义。江淮北部龙山文化时期的文化面貌比较复杂，主要以寿县斗鸡台、大城墩遗址二期文化、肥西古埂遗址上层等为代表。出土陶器以侧扁足罐形鼎、豆、深腹罐、平底碗、黑陶杯等最为常见，流行绳纹、方格纹装饰。从总体文化面貌看，既有自身的地方特色，又含有河南龙山文化造律台类型、山东龙山文化以及良渚文化的影响。2006~2008年，在蚌埠禹会村发现一处面积达50多万平方米的大型遗址，在遗址中部发现一甲字形具有祭祀性质的大型堆筑台迹和烧坑、器物坑，出土大量侧扁足或鬼脸式足鼎、鬶、黑陶杯等龙山时期的文化遗物。据文献记载，禹会村遗址曾是大禹会诸侯的地方，该遗址面积大、带有盟会祭祀遗迹特色，时代与禹会诸侯的时间相吻合，这一发现对探索中华文明的形成有着重要的意义。

以皖河流域为中心的皖西南地区是一个相对独立的文化小区，大致包括黄鳝嘴文化→薛家岗文化→张四墩类型等遗存。黄鳝嘴文化以宿松黄鳝嘴遗址为代表，主要流行于皖鄂赣交界地区，距今约

5500年以上。陶器以红陶、黑皮陶为主，器形有鼎、豆、罐、钵、杯等，流行刻划纹、戳点纹、盲孔、红彩绘等器表装饰以及多角星图案，颇具地方特色。薛家岗文化以潜山薛家岗遗址为代表，典型遗址有安庆夫子城和张四墩、望江黄家堰和汪洋庙、怀宁孙家城等。该文化出土文物以大型多孔石刀和宽扁足鼎、高柄豆、矮圈足壶、三足鬶等陶器为主，流行陶球和玉石器，显现出鲜明的地方特色。薛家岗文化的分布区北至江淮中部、南至长江以南，西达鄂东、赣西北地区，这一文化本身含有马家浜文化、崧泽文化和大溪文化的影响，在长江中、下游地区新石器文化传播中占有重要的地位。张四墩类型文化遗存以安庆张四墩遗址为代表，典型遗址有潜山薛家岗、怀宁孙家城上层等。这类文化遗存承袭了薛家岗文化的某些传统，流行篮纹罐形鼎、浅盘豆、薄胎黑陶杯、长颈红陶鬶等，受中原龙山文化影响较小，与江淮北部同时期的文化有较大区别，可称为"张四墩类型"。2007年，在怀宁孙家城发现张四墩时期的城址，城垣东西南三面保存较好，北垣已被水毁，堆筑，底宽20、最高约4.5米。该城的发现，为长江下游地区史前聚落变迁和文明进程研究提供了重要实证。

皖南地区的新石器时代文化，大体可以黄山为界分为南、北两区。北区以芜湖、铜陵为中心，以繁昌缪墩文化遗存的时代最早。该遗址陶器以釜、罐为主，亦有少量圈足器和杯、壶等，不见三足器。其中一些白陶上饰有篦点纹、戳印纹、贝纹组成的图案，与浙江桐乡罗家角马家浜文化的刻纹白陶风格雷同，时代也大体相当。其次是以芜湖蒋公山遗址为代表的文化遗存，同类遗存在芜湖莲塘、宣州孙埠等遗址也有发现。这类遗存基本为考古调查材料，完整器较少。陶器以夹砂红陶和灰陶为主，还有部分泥质红衣陶。器形有平底碗、圜底

钵、牛鼻耳罐、扁凹槽鼎足等。石器有铲、斧、锛、凿和三孔石刀等。这类遗存的石器和陶器的风格与南京北阴阳营文化相近，年代约与北阴阳营文化二期相当。其三是以芜湖月堰、马鞍山烟墩山等遗址早期墓葬为代表的文化遗存。随葬品以陶器为主，并有一些石器和玉器。陶器以夹砂红陶和灰陶居多，亦有黑皮陶；器表纹饰有刻划纹、戳点纹、弦纹、圆形和三角形镂孔等；主要器形有罐形鼎、豆、小壶、钵、碗、罐、三足鬶等。石器有钺、铲、锛、凿。玉器有璜、小璧、管、镯、簪、坠、珠等。一些小罐和壶、杯等与南京太岗寺相似，相当于宁镇地区三期文化。此外，烟墩山M9出土的侧面人首像玉器与苏南昆山赵陵山出土的良渚文化早期玉人首饰风格类似。这类遗存具有崧泽晚期至良渚早期的特点，存在一定的早晚关系，可以进一步分期。以芜湖月堰晚期墓葬为代表文化遗存，同类遗存在泾县四古墩和瑶庄、繁昌红灯和鹭鸶墩等遗址都有发现。该类遗存以夹砂红陶和灰陶为主，亦有一定的黑皮陶，主要器形有罐形鼎、竹节柄豆、钵形豆、浅盘豆、圈足杯、宽把带流杯、小罐、双鼻壶、高圈足碗、盆等，鼎足形式多样，有侧扁三角形、丁字形、鱼鳍形、铲形等。石器较多，有斧、锛、凿、钺、半月形单孔或双孔刀、三角耘田器（犁）等。这一时期的玉器主要有环、小璧、珠、管、镯等，在繁昌红灯遗址还发现多节玉琮残片。从文化面貌上看含有良渚文化较多的影响，各遗址之间的年代可能略有早晚差别。皖南的南区为新安江流域的上游，主要分布着以歙县新洲遗址为代表的新石器时代文化遗存。该类遗存流行广肩垂腹的罐和壶等陶器，石刀、镞、网坠较多，在一些石器上残留有打击疤痕，是一支含有崧泽、良渚文化影响的山区类型的原始文化。2004年，在黄山山脉的北面发掘了黄山区蒋家山遗址，出土

一批陶器、石器。该遗存的文化面貌具有皖南地方特色，也有北方大汶口文化的一些影响。在黄山以北、以西地区，还发现有类似江西山背文化的双肩石刀和马鞍形石刀，表明这一区域与鄱阳湖地区的新石器时代文化也有一定联系，反映了这一区域文化来源的多元性。

（三）夏商周时期

夏商时期，安徽淮河流域与中原二里头文化、商文化的关系比较紧密。在江淮地区大体以霍山—巢湖为界，存在南北两个文化小区。在江淮北部，夏代有以寿县斗鸡台遗址为代表的斗鸡台文化，商代有以含山大城墩遗址为代表的大城墩商文化类型。尤其是含山大城墩遗址，文化堆积包含新石器晚期、龙山时期、二里头时期、商代、西周、春秋等若干时期，年代跨度大，内涵丰富，遗物特征明显，为江淮地区夏商周时期考古学文化研究提供了重要的年代标尺。综观本地夏商文化面貌，既含有中原文化的因素，又有浓郁的土著文化因素，是一种具有地方特色的地域性考古学文化。2000年以来，在皖西相继大面积发掘了六安堰墩和庙台、霍邱堰台、合肥烟大古堆等一批西周中小型聚落遗址，出土折肩鬲、淮式鬲、甗形盉等陶器和小件青铜器，地方特点明显，对了解当时的遗址布局和聚落形态、探寻淮夷文化有着重要意义。霍山以南的皖西南地区，以潜山薛家岗上层及安庆张四墩、怀宁跑马墩等遗址为代表的夏商周时期文化遗存则是一支相对独立的考古学文化。它包含有中原文化的因素，如存在斝、鬲、深腹罐、假腹豆等陶器，但总体文化面貌基本承袭了张四墩类型的某些传统，自身特点鲜明，如陶器中的炊器以罐形鼎、鼎式鬲、附耳甗、甗形盉为主，并一直延续至西周时期，与长江中游地区的圻春毛家嘴等同时期文化有

概述

概述

着密切的联系。2004～2005年，在皖北地区发掘的亳州程井遗址比较重要，发现龙山晚期至战国时期的地层和墓葬，出土大批文化遗物。其中西周至战国的墓葬分布十分密集，均为小型土坑墓，有的有腰坑。随葬品主要为陶器，其他有铜器、玉器、骨角器等。陶器基本组合有鬲、豆、簋、罐、盆或鼎、豆、壶、罐等。该遗址的发现，对研究皖西北地区夏商周时期的墓葬分期和文化特征颇具价值。皖南地区商周文化遗存，主要有繁昌瓜墩、马鞍山烟墩山上层等，出土陶器以鼎、豆、罐为主，晚期还流行印纹陶和原始青瓷，与宁镇区湖熟文化、吴文化面貌相似。此外，在铜陵、黄山区出土有商式铜斝、铜爵及陶斝，这表明商文化已影响至皖南地区南部。1998年，通过遥感技术对南陵牯牛山遗址进行考古勘探和发掘，发现遗址外围由古水道环绕，内有水道相连，总面积达70万平方米。该遗址的性质与江苏淹城遗址类似，属于西周时期的古城址即水城遗址，具有南方特点。

土墩墓属于西周至春秋时期吴越民族的特殊葬俗，1959年屯溪土墩墓的发现，首次揭露了这类墓葬的基本特征。土墩墓在皖南广大地区均有分布，以南陵、繁昌、宣城、广德等地最为密集。1996年，运用遥感技术在南陵县发现土墩墓群23处，可确认的土墩墓达3019座。像南陵千峰山、九龙凸、繁昌万牛墩等均为大型墓群，一般有数百乃至上千座墓葬，延绵数平方千米。经过发掘的土墩墓，有南陵千峰山、广德荷花、繁昌平铺、宣城崔村、宁国安友等地。皖南土墩墓大多为一墩一墓，也有一墩多墓，有的墓底铺垫有一层卵石作棺床。土墩墓中的随葬品有铜器、石器、陶器、印纹陶器和原始瓷器等，显示出独特的吴越文化风格。

安徽淮河流域是商周青铜器出土较多的地区，最早的有肥西大墩孜出土的二里头时期单扉铜铃。

比较重要的有阜南月儿河、颍上王岗和赵集、肥西馆驿、嘉山泊岗等地出土铜器群，以及六安、枞阳等地出土的零星青铜器，器形有鼎、尊、斝、爵、觚、罍、甗、方彝等，造型和纹饰与商式、周式铜器风格雷同，受中原文化影响较深。而潜山、庐江、马鞍山、青阳等地出土的青铜大铙却有南方特点。从西周晚期开始至春秋中期，在江淮群舒故地的舒城凤凰嘴和河口、肥西小八里、怀宁人形河、潜山黄岭、六安毛坦厂、庐江胡岗、寿县魏岗等地，出土一批具有明显地方特色的青铜器。如云纹鼎、弦纹鼎、兽首鼎、甗形盉、小方簋等，与周式铜器差别较大，风格新颖，造型独特，应与群舒文化有关。2007～2008年，在凤阳卞庄和蚌埠双墩发现春秋钟离国墓葬。墓葬均为圆形竖穴土坑墓，墓内遗迹现象复杂，并有殉人，出土大批文化遗物。其中双墩一号墓墓主为钟离国君柏，卞庄一号墓墓主为柏的季子。这一发现为考古史上所罕见，对研究钟离国的历史和文化特征具有重要价值。到春秋晚期，蔡国铜器在江淮地区发现较多，主要有寿县城西和淮南蔡家岗的蔡侯墓、寿县西圈蔡国墓地等。其中寿县蔡昭侯墓出土了大批风格新颖的青铜器，因其鲜明的时代特征而被学术界定为春秋晚期标准铜器群。此时期，蔡、吴、越等国铸铭兵器出土较多，如吴王光剑、吴王诸樊剑、吴王夫差戈、越王诸旨于赐剑、蔡侯戈等，这些兵器的属性应是战利品或赠品兼有，反映了当时在吴楚争霸的历史背景下，诸侯国之间文化的交流比较频繁。

安徽境内长江沿江地区的矿产资源十分丰富。1984年以来，在南陵、铜陵、枞阳等地先后发现先秦时期的铜矿遗址20多处，最早可达商末周初。考古研究表明，这一地区的古铜矿遗址一般采取山上采矿、山下冶炼的格局。采矿井多有木架支护，有竖井、斜井、平巷等，最大采掘深度可达四五十米。当时炼铜已使用竖炉，早期冶炼氧化铜矿，至西周晚期已出现冶炼硫化铜矿的技术，把我国冶炼硫化铜矿的历史提早到了西周时期。在冶炼遗址内发现有铜锭、铅锭和石范，表明当时的冶炼场还兼有铸造的功能。金文中有关周王朝征伐淮夷、南淮夷"掠金"、"俘吉金"等记载屡见不鲜，安徽沿江地区先秦铜矿遗址的发现，表明征伐目的是打通"金道锡行"之路，掠夺铜资源，这对于探讨中国先秦时期的铜料产地及冶金史等具有重要的学术价值。

（四）楚汉时期

安徽是楚文化分布的重要地区。考古研究表明，楚文化大约在春秋中晚期即沿淮河东渐进入江淮地区，至战国中晚期影响已至皖南地区。目前，安徽境内已发掘的楚墓达五六百座，尤其在江淮西部的寿县、淮南、六安、舒城、潜山、枞阳等地发现较多。1983年，对20世纪30年代曾遭盗掘的寿县李三孤堆楚王墓残坑进行了清理，基本弄清了墓坑和墓道的结构、尺寸，填补了楚王陵研究的空白。已发掘的六安城西2号墓属于战国早期贵族墓，其墓葬结构和随葬品的风格与江陵楚墓基本一致。1978～1981年在长丰杨公发掘了10余座战国晚期楚墓，属楚国迁都寿春后的贵族大墓，其墓葬均为长方形竖穴土坑墓，一椁双棺或重椁重棺，有的有几何形雕花苓床，并有兆沟遗迹，为其他地区楚墓中所罕见。墓中出土的大批精美玉器，如龙凤玉佩、璜、璧等，代表了楚国琢玉工艺的最高水平。安徽的中、小型楚墓发现较多，一般为一椁一棺，随葬品以仿铜陶礼器为主，基本组合为鼎、豆、敦、壶或盒、钫，其他常见的随葬品还有铜兵器、漆木器、山字纹铜镜、小玉器或琉璃珠等。从安徽地区的楚墓特征看，早期与江陵楚墓风格一致，至战国晚期则与淮阳楚墓相类似，并融入一些中原三晋文化的因素，此外也存在一些地方特点。

历史上关于楚国晚期郢都寿春城的地望，一直众说纷纭，莫衷一是。20世纪80年代以来，运用遥感技术与考古工作相结合，在寿县城东及南部发现其故城遗址。城内布局有南北干道与水渠网构成的城区，东南部柏家台、邱家花园一带有多处建筑基址，其中一处面积达2000多平方米。寿春城的发现，为楚国都城研究提供了新的材料。

有关楚系文物的研究，主要有"鄂君启"金节、"大府"诸器。"鄂君启"金节的发现，第一次获得了楚国用节的方法、制度和作用的实证，是研究当时楚国的地域、交通、关税、商业和社会制度的珍贵实物。"大府"诸器则反映了楚国工官制度和容量制度的一些情况。安徽还是楚国货币出土较多的地区，包括有楚金币、蚁鼻钱、殊布当釿及铜贝钱范等。其中寿县出土的楚金币最多，有金饼、郢爰、卢金等，其形制有完整的、残半的、还有金粒等，对研究楚国金币的性质、种类和使用制度具有重要的价值。1977年8月贵池县徽家冲发现一战国青铜器窖藏，计有各类铜器56件。其中青铜农具占一半以上，种类有铜斧、铜铲、铜耨、铜蚌形镰、铜鱼钩、铜锯等。另外在涡阳县也出土一批战国青铜器窖藏，内有铜镰与贵池出土铜镰雷同。这两批先秦时期的古代农具的发现，对认识战国时期农业耕作技术具有一定意义。

安徽汉代文化遗存十分丰富，墓葬研究是其中的重要方面。2006年配合合武铁路建设，对六安双墩的南家即一号汉墓进行发掘。该墓为"黄肠题凑"葬制结构，有车马坑、陪葬墓、陪葬坑等，保存较好。墓葬虽在唐代被盗，仍出土漆木器、铜器、玉器等随葬品500余件。出土有"六安飤丞"封泥和铸有"共府"铭文的铜壶，与六安国有关历

概述

史记载相吻合，墓主疑为共王刘庆。在双墩汉墓周围约4平方千米的范围内，现存有大小墓葬30多座，其中包括双墩在内的南北并列的巨型双冢墓计有4处，大致属于西汉六安国王陵区。双墩一号汉墓和六安国王陵区的发现，揭开了西汉六安国的神秘面纱，对研究六安国历史、汉代诸侯王陵制度和当时的社会状况具有十分重要的意义。1977年发掘的阜阳西汉汝阴侯夏侯灶夫妇墓，为双连冢土坑积炭木椁墓。其中一号墓出土竹简9000多片，内容涉及十几种先秦古籍，比较珍贵。所出漆木器中的太乙九宫占盘和二十八宿圆盘，是古文献中没有记载过的汉初测天仪器，对研究古代天文学史具有重要价值。此墓的年代明确，一些器物上有器名、容量、重量、尺寸、制造年份和工匠名称等铭文，是研究汉代的器物定名、度量衡制度以及侯国工官制度的重要实物材料。1991～1992年，在天长三角圩发掘了25座墓葬，除1座为战国晚期墓葬外，均为西汉墓葬。出土有铜器、铁器、漆器、木器、玉器、陶器、玛瑙、琉璃、银器、角器等文物748件，种类十分丰富。其中一套28件的木工工具，保存完好，比较罕见。在1号墓出土了木、铜、银、玉等四种质地印章5枚，据印文可确认墓主身份为广陵国宦谒桓平。研究者根据1号墓主身份及其他墓中一些器上有"桓乐"、"桓安"、"大桓"等字样分析，推测该墓群应属于西汉桓氏家族的墓地。1996年，在巢湖放王岗发掘的西汉吕柯墓，属于大型土坑积炭木椁墓。该墓四周用大块长方木围成墓室，中间用木板隔出前、后室，重椁重棺。墓中出土文物有铜器、玉器、漆木器、滑石器和陶器等共700余件，十分精美。1997年，在巢湖北山头发现的1号墓为西汉早期中型土坑木椁墓，出土有银器、漆器、玉器、铜器等遗物140多件，十分精致。尤其是金箍水晶扣嵌玉镶料漆壶和玉卮，工

艺水平高超，为罕见珍品。该墓中出土一枚"曲阳君胤"玉质印章。上世纪70年代，在亳州陆续发掘了一批曹氏宗族墓葬，出土一大批铜器、铁器、瓷器、陶器、石器、银器、象牙、玻璃、玉器等，其中较为珍贵的有银缕玉衣，铜缕玉衣以及字砖。以董园2号墓规模最大。该墓为石室墓，由甬道，前、中、后室，南、北耳室及东、西偏室构成，墓室内装饰有石刻门神及彩色壁画等，建筑宏伟。墓葬早年被盗，出土有铜缕玉衣片，玉枕片等。根据《水经注》记载，并结合该墓形制和规格分析，其墓主疑为曹操的祖父曹腾。

汉代画像石墓在淮北地区发现较多，江淮北部霍山、定远等地亦有分布。濉溪古城画像石墓为东汉元和年间所建，是安徽目前发现时代最早的东汉早期画像石墓。宿州九女坟画像石墓，由墓上石祠、墓垣及前、后墓室构成，墓室内布满画像图案，一般采用减地浅浮雕技法，内容有双龙穿璧、神仙人物、祥禽瑞兽、百戏、宴乐出行、纺织、生产、庖厨等，与徐州地区的画像石风格基本一致。汉代中、小型墓葬各地均有发现，尤以六安、寿县、潜山、萧县、亳州等地为多。墓葬类型有土坑墓、石棺墓、空心砖墓、砖室墓等，随葬品以日用陶器、铜镜为主，并有陶质明器。这类墓葬在南、北不同区域之间存在着一定的地方性差异。

西汉时期，安徽境内设置有铜官和铁官。汉代铜矿遗址在铜陵铜官山、凤凰山以及贵池殷汇等地都有发现，尤以铜官山规模最大。西汉时期，皖南大部属于丹阳郡，这些遗址的发现为探寻汉代"铜官"的位置以及"丹阳铜"的产地，提供了重要信息。此外，怀宁冶塘湖冶铁遗址的发现，为西汉皖县铁官地望的考证提供了科学依据。寿县安丰塘发现的东汉坝堰工程遗址也十分重要，它属于草木混合结构的越水坝，是中国最早的水利工程实例，它

的出现早于《宋史·河渠志》中的类似记载近800年，是研究中国水利史的重要实证。

（五）三国至宋元明时期

1984年发掘的马鞍山东吴右军师左大司马当阳侯朱然墓，是已发现的三国吴墓中等级最高的墓葬，也是六朝考古的重要发现。该墓为砖室墓，分前、后室，其中前室为"四隅券进式"穹隆顶结构，比较特殊，是迄今发现年代最早的这类建筑形式的实例。朱然墓虽早年被盗，仍残存有随葬品140多件。其中漆木器为大宗，多为蜀郡造作，有案、盘、槅、壶、刺、谒、漆砂砚、犀皮黄口羽觞等80余件。许多漆器上绘有人物故事和动植物图案，如宫闱宴乐图案、季扎掛剑图盘、童子对棍图盘等，十分精美，显示出高超的绘画技艺和精湛的漆器制作水平，填补了三国时期美术史的空白。2004～2005年，对合肥三国新城遗址进行发掘，发掘面积6000多平方米。该城面积8万平方米，外有护城河环绕，城墙残高3.2米，夯筑，设三门，有角楼、马面、礌石坑遗迹，城内发现有房基、夯土台、道路和铸造兵器作坊等遗迹。出土遗物有生活陶器、建筑构件以及大量的矛、镞、刀、撞车头等铜铁兵器。该城具有军事城堡性质，与史料记载相符，对了解合肥古城的变迁具有重要价值。

三国至魏晋南北朝时期中、小型墓葬在全省各地均有发现，尤以马鞍山、芜湖、宣城等地为多，墓中的随葬品以青瓷生活用具为主，其他有铜镜、玉器、铜熏炉等。青瓷基本组合为盘口壶、鸡首壶、唾盂、四系罐、虎子、尊、三足砚、钵、碗、熏、水注、谷仓罐等，并有仓、井、灶、家禽、俑、镇墓兽等陶瓷质明器。其中，南陵、马鞍山、和县、宣城等地一些纪年墓的发现，成为这一时期墓葬分期研究的重要资料。亳州咸平寺旧址出土的

北朝石刻造像，为安徽首次发现，种类有造像、经幢柱、造像碑等，内容涉及佛、菩萨、经变故事、碑文等，人物造型优美，线条流畅，是研究北齐佛教南传的重要实物。

濉溪柳孜隋唐大运河（通济渠）码头遗址的发掘，是我国运河考古的重大发现。该遗址共计发现宋代石构码头1座及唐代沉船8艘，出土大量的陶器、瓷器、铜器、铁器以及铜钱、石锚等。唐代沉船包括独木舟、拖舵平底船等不同类型，最长达20多米。出土陶、瓷器涵盖了全国范围内南、北方十多个窑口，反映出当时运河上商贸运输的兴旺景象。运河遗址的发现，对研究通济渠的走向、结构、兴废年代、漕运制度、造船技术和商品流通等，均具有重要的价值。2006～2007年，在宿州西关街和埇上嘉院相继发掘了两处运河遗址，发现石筑堤岸1处、宋代石筑码头1处、残木船1艘，出土大量的唐宋时期瓷器以及石锚、礌石、骨角器等。发掘解剖了宿州段两处运河剖面，其中西关街处运河河口宽32.65、河底宽近20、深5米，基本了解了该段运河的结构及兴废情况。

安徽瓷器生产始于六朝，兴盛于唐宋，至金元时衰落。目前已发现的古代瓷窑址有60余处，遍及大江南北。寿州窑在唐代被列为六大名窑之一，以烧黄釉瓷著称，考古资料表明，寿州窑烧制年代可上溯到六朝晚期，早期烧青瓷，隋唐进入繁盛时期，窑址在淮南、凤阳均有分布，绵延几十里。其产品有壶、钵、碗、盘、缸、坛等，器表有刻花、划花、印花、剔花、点彩、堆塑等装饰，主要行销于淮河流域。寿州窑早期使用馒头窑，唐后期也开始使用龙窑技术。唐末至宋，安徽境内瓷业生产兴旺。萧县白土窑在唐末受寿州窑影响烧黄釉瓷，北宋时则专烧白瓷，其产品中的黑花白瓷带有磁州窑的影响，至金代仍继续生产，产品行销淮海地区。

概述

淮河以南诸窑址除霍山下符桥窑烧黑瓷外，其余产品基本以青瓷为主。繁昌窑始烧于五代，北宋以烧青白瓷而著称，也兼烧黄白瓷，其中青白瓷对景德镇等南方地区影青瓷的兴起曾产生过重要影响。主要产品有盘口执壶、塔形盖注碗、葵口杯、荷花莲蓬托盏等，颇具特色。2002年对繁昌窑进行发掘，发现保存较好的龙窑1座以及作坊1处，出土一批窑具和瓷器。繁昌窑址的发现与研究，对探索其境内陶瓷生产及其在南北瓷业交流传播中的地位具有重要的价值。芜湖东门渡北宋"宣州官窑"遗址，是专为宣州府官办酒坊订烧盛酒青瓷罐的定点作坊，在罐的腹下部有阴刻楷书的"宣州官窑"戳印。其产品在合肥的蒙城北路一处酒窖遗迹中曾发现一批，可作印证。该窑址的发现，对研究官窑的性质、内涵和品种提供了新的材料。

隋唐时期墓葬发现不多，其中有一批中小型纪年墓。隋墓主要合肥西郊的开皇六年伏波将军墓和亳州的大业三年、开皇二十年墓等，唐墓有合肥的开成五年墓和元和元年墓、肥东的咸通元年墓、巢湖的会昌二年墓、六安县的唐乾符三年墓等。这些墓葬随葬品比较丰富，有陶瓷器及铜器、陶俑、砚台、钱币等，是研究隋唐墓葬分期和断代的重要标尺。

宋代墓葬比较重要的有合肥市北宋名臣包拯家族墓地的发掘。该墓地包括包拯夫妇迁葬墓、长子包繶夫妇墓、次子包绶夫妇墓及长孙包永年墓等。该墓地早年遭到破坏，仅出土随葬品50余件及墓志6块。墓志中详细记载了包拯夫妇生平及其子孙衍生的情况，是十分珍贵的文字史料。其中包拯墓志铭有3200多字，比《宋史·包拯传》的字数还多，弥足珍贵。1988年合肥发掘的马绍庭夫妇墓，出土漆木器、瓷器、金银器、铜器等65件。其中歙砚、毛笔和"歙州黄山张谷"、"九华朱觐"

墨锭等，是研究宋代文房用具的珍贵实物资料。1952年休宁发现的南宋修史工部侍郎朱晞颜墓，出土文物有杯、盘、盏等金器以及金边玛瑙碗等，均是罕见珍品。宋代中小型墓葬全省发现较多，基本为长方形、船形、椭圆形砖室墓等。有的修建为仿木结构，内有立柱、斗拱、直棂窗、藻井及桌椅等。淮北地区宋金墓形制较小，多为迁葬墓。宋金墓葬随葬品以陶瓷器为主，其中不乏珍品，其他有陶俑、铜镜、铜或银质的钗、环等装饰品。如绩溪宋代墓、亳州大杨河工地宋代墓、祁门县茶科所基建工地砖室墓和宿松的北宋元祐二年墓、庆历七年砖室墓、北宋天圣三年墓等墓葬出土瓷器十分精美，为难得的艺术精品。

1981年5月宁国县人民政府大院基建工地，出土一南宋鎏金银器窖藏，计有50件。有鎏金人物银盘、鎏金乐会莲花银杯、鎏金牡丹花银杯、鎏金葵花银杯，以及镂空开光人物、盘龙、花果形钗簪等头饰件。采用捶打、镂孔、錾刻、焊接等技法，做出极细花纹图案，表面鎏金一层，显得富丽华贵，具有较高的艺术价值。此外，合肥出土的南宋金牌和金锭、六安和阜阳出土的南宋银锭等，带有地名、年号、工匠名、出门税等戳印记，是研究南宋货币流通及税制的重要实物资料。和县腰埠乡、宁国河沥溪、颍上耿相、宿州等地出土的宋代钱币窖藏，绝大多数为两宋年号钱币，是反映宋代商品经济的重要标本。

1992年配合涡阳县重建老子故里工程，发掘天静宫遗址3700平方米。发现北宋时期大型殿基1座、庭院1处、建筑基址10余座以及灰坑、窖藏、砖灶、石灰窑等，出土各类文物1000余件。大型殿基为黄色夯土台基，平面呈亚字形，坐北朝南，东西长30.3米，南北宽14.5米，残高o.6米，外包砖基，台基四周有砖铺散水。门前有阶石、斜坡砖铺台阶和台明。该基址规模宏大，设计严谨，规格较高，应是宋代天静宫的主殿老君殿。出土遗物有宋代铜钱、湖州镜、各类瓷器、各种质地的簪子和建筑构件等，并发现"混元降□"、"敕撰"等残石刻，对天静宫的重要地位和变迁起到了补史证史的作用。此外新发现的宋代建筑基址，对研究中国古代建筑史及古代道观建筑特点等具有重要的价值。清理的宋代塔基地宫，主要有无为黄金塔、含山褒禅山寺塔、青阳城关宋塔、寿县报恩寺塔等，出土有金棺、银棺、金牌、银牌、雕花银盒、瓷器、舍利子、玻璃瓶、石函等重要文物，在寿县报恩寺塔地宫中还发现六幅讲经壁画，尤显珍贵。

元明清时期的考古发现主要为墓葬和各类窖藏。1955年，在合肥市原孔庙基建工地发现一个用铜盘覆盖的大陶瓮，内装金银器102件，器形有碟、杯、果盒、壶、匜、碗、筷、勺等。这批金银器采用捶打、线刻、錾刻、镂孔、焊接等技法，做出各种折枝花卉，显得富丽华贵，反映出元代庐州地区金、银器工艺制作水平。这批金银器中有"章仲英造"、"庐州丁铺"、"至顺癸酉"等字样。元代瓷器窖藏发现较多，主要有歙县人民银行工地和医药公司工地、安庆反修路89号房基、繁昌新港街道、广德防疫站工地等。其中歙县人民银行工地窖藏，出土54件，有青花高足杯、蓝釉和青白瓷爵杯、卵白釉戗金把杯、卵白釉葫芦执壶、匜、盘、盏、碗等。医药公司窖藏出土100多件元代枢府窑卵白釉瓷器，其中缠枝牡丹纹盘，胎体厚重，胎骨洁白，釉下模印有对称的"枢"、"府"二字，质地精良，造型优美，是元代官府枢密院在景德镇订烧的"枢府瓷"，堪为珍品。1998年，繁昌县新港街道发现一批元代窖藏，出土了20多件精美的元代瓷器，有青花龙纹罐、哥窑贯耳瓶等，造型优美，釉色晶莹温润，工艺精

湛，是难得的艺术珍品。

元代墓葬比较重要的有安庆范文虎夫妇墓、六安嵩寮岩墓、濉溪临涣墓等。1965年发掘的范文虎墓为夫妇双穴合葬墓，各立墓志，出土玉带、玉印、铜佛像、木笏、金冠、金花、铁牛、陶瓷器等500多件。1981年在六安县嵩寮岩发掘2座石室墓，出土金器6件、银器31件、铜器5件以及木、角、漆器等。银器有托盘、盏、盒、奁等，其中托盘内底凸出四个儿童游戏于折枝草中，银盏周壁饰突起的盛开花朵，两儿童攀附于侧，一童立于盏心。银奁分器盖、上格、中格、底部四层，盒奁四周刻细如发线的花草纹饰，反映了当时银器工艺的精湛技术。1976年在歙县璜蔚乡发现元统三年(1335年)砖室墓，其青石祭堂保存较好。祭台下竖石雕狮子，栏板上雕刻花卉、人物山水、杜牧《清明诗》等，石刻画像层次分明，雕刻技艺细腻，为研究徽州明清时期石刻艺术和民居建筑的发展提供了早期的信息。

明清时期的窖藏有瓷器、玉器、货币等类。1975年合肥天王寺旧址发现明代窖藏瓷器一坛，计28件，种类有白瓷和青花，器形有盘、碗、碟等，均为饮食用具。在部分瓷器底部有"大明成化年制"、"博古斋"等款识，属景德镇产品。1997年寿县正阳关发现一明代瓷器窖藏，有碗、盘、碟、杯等青花瓷器50余件。1996年寿县城关一清代窖藏出土瓷器600多件，有杯、碗、盏、碟、盆、罐、瓶、帽筒等，为安徽窖藏瓷器中出土数量最多的一批。1984年6月，原宣城县人民政府大院内出土一罐明代晚期的银元宝和银锭，计有元宝9枚、银锭4枚，重490两。元宝记载了产地、重量、匠名、年代，是研究明代货币的重要资料。1984年，东至莲花村明代孔贞运后花园旧址出土的一套明代玉带板，十分精美，是研究明代宫廷玉

概述

作工艺的难得实物。1973年灵璧县高楼公社出土一批玉器，有观音像、玉牌、水盂、麒麟、带钩等，时代为明清时期，多为把玩摆件，具有民间世俗的气息。

明清时期的墓葬发现较多，以蚌埠明代汤和墓、凤阳明代严端玉墓、歙县仪表厂明墓、明光明代陇西恭献王李贞夫妇墓、合肥清代李鸿章墓等比较重要。这些墓葬的发现丰富了有关资料，起到了补史证史的作用。此外，这些墓葬出土了一大批青花瓷器、金银器和玉器等，十分精美，是研究明清时期手工业制作技术水平的重要实物资料。

三　安徽考古工作的展望

六十年来，安徽考古新发现硕果累累，内涵丰富，上迄200多万年前，下至明清时期，涵盖各个历史阶段，涉及诸多领域，揭示了许多历史之谜，填补了许多历史空白，对研究古代政治、军事、经济、科技、文化等社会各个方面具有重要的科学与历史价值。这些新发现和新成果犹如群星闪耀，向世人展现了安徽远古的历史和灿烂的文化精粹，昭示着江淮大地在探索人类起源和中华文明形成与发展中占有重要的地位。大量考古出土的文物珍品和标本通过博物馆展陈等形式，向广大观众展览安徽丰厚的历史文化资源，展示先辈们的聪明才智和创造力量，展现安徽这块热土的魅力，激发观众的爱国热情，振奋民族精神。特别是一些考古新发现已转化为重要的人文资源，受到社会的广泛关注，相继被各级人民政府公布为重点文物保护单位和爱国主义教育基地，有的已被合理利用成为新的文物景点，在安徽的经济和社会发展中发挥着积极的作用。

在新的历史时期，随着国家更加的繁荣昌盛和社会进步，各级政府对文化遗产保护的高度重视，社会公众对考古工作和文化遗产保护的热情关注，考古工作必将迎来新的发展机遇并取得新的发展。作为文物工作者，我们要认真贯彻文物保护法，坚持以保护和弘扬中华优秀文化遗产为己任，认真做好文物考古工作。要以全国考古学科的发展为背景，围绕中华文明起源、大遗址保护、城市考古、聚落考古、科技考古等重大学术课题，积极开展具有安徽地方特色的考古学文化研究，加强对外合作与交流，注重多学科综合研究，不断提高考古科研水平，争取更大的成果，为推进安徽文物事业的发展与繁荣做出新的贡献。

建国60周年安徽重要考古发现分布图

全国十大考古发现
全国重点文物保护单位
安徽省重点文物保护单位
重点考古发现

砀山县
萧县
淮北市
濉溪县
亳州市
涡阳县
宿州市
界首市
太和县
利辛县
蒙城县
灵璧县
泗县
临泉县
阜阳市
固镇县
五河县
怀远县
蚌埠市
阜南县
颍上县
凤台县
淮南市
凤阳县
明光市
天长市
寿县
长丰县
定远县
来安县
霍邱县
滁州市
全椒县
肥东县
金寨县
六安市
合肥市
含山县
和县
肥西县
巢湖市
马鞍山市
霍山县
舒城县
庐江县
无为县
当涂县
芜湖市
繁昌县
芜湖县
桐城市
铜陵县
南陵县
郎溪县
岳西县
枞阳县
铜陵市
宣城市
广德县
潜山县
怀宁县
安庆市
池州市
青阳县
泾县
太湖县
宁国市
宿松县
望江县
东至县
石台县
旌德县
绩溪县
祁门县
黟县
歙县
休宁县
黄山市

旧石器时代是人类开始出现的时代，经过漫长的地质年代，类人猿完成了向人类的演化，并制造出了简单的工具，以此为标志揭开了人类历史的新纪元。旧石器时代人类的劳动工具以打制石器为主，也使用木器、骨角器和蚌器。

考古发现表明，安徽境内早在200多万年前就有了古人类的活动。目前已发现旧石器地点和古人类遗址几十处，绝大多数位于淮河以南区域，尤其以巢湖流域一带以及长江以南为多，在中国旧石器时代考古中占有十分重要的位置。安徽旧石器时代文化的众多发现向我们展现了一幅生动的远古人类画卷，透过这幅画卷，我们仿佛看到远古时代人类的一幕幕生活场景，他们为生存依靠群体的力量，赤手空拳或手持简单的工具，与大自然作抗争，与野兽搏斗，历经磨难，逐渐摆脱了茹毛饮血的生活，发明了用火和巢居，在人类体质特征上经历了猿人、智人、新人等进化阶段，建立了以血缘为纽带的氏族社会。

第一部分 人类起源

人字洞遗址

繁昌人字洞遗址位于繁昌县孙村镇癞痢山，海拔142.2米，北纬31° 3'23"，东经118° 5'46"。地貌为长江下游平原喀斯特残丘，地质时代为更新世早期（距今约250万～200万年）。遗址为洞穴堆积，平均宽度8米左右，出露地表厚度31.5米，自上而下可分为九个自然层，三个沉积单元。

1998年5月国家"九五"攀登专项安徽课题组在该地区进行地质古生物调查中发现。1998～2005年，中国科学院古脊椎动物与古人类研究所、安徽省博物馆、安徽省文物考古研究所、繁昌县文物管理所等单位组成联合发掘队，对人字洞堆积进行了七次发掘，面积约50平方米，出土石制品、骨制品100余件。石制品多为小型，原料以铁矿石为主，均为锤击法生产，多用转向打法；基本类型是刮削器；以向背面加工为主，多为单层修疤；表面未见远距离搬运和激流碰撞痕迹。石制品面貌无论从类型还是技术上，都比我国已知的早更新世石制品显得粗糙、简单和原始，而打击骨器的出现则说明了人类使用工具、原料组分呈多样性。还出土灵长类、啮齿类、食虫类、食肉类、龟鳖类、鸟类、长鼻类、奇蹄类、偶蹄类等脊椎动物化石标本75种，10 000多件。动物群中古老种类所占比例超过1/4，显示出遗址所处地质时代为上新世至更新世初期，从中发现了江淮地区从第三纪向第四纪转化进程中的重要信息。专家们还发现，地处长江南岸的繁昌人字洞动物群具有浓郁的北方色彩，表明当时该地区为较现在更为寒冷的气候环境，这于全球气候变迁的普遍规律完全吻合。地质时代为早更新世早期，古地磁测年距今256万～220万年。人字洞是欧亚大陆迄今已知发现最早的古人类活动遗址，为研究东亚地区早期人类起源提供了极为重要的线索，人字洞遗址的发掘研究工作将对古人类学、古生物学、地质学、考古学等相关学科产生深远的影响。该遗址尚有10多米厚的堆积有待进行发掘，在遗址上发现人类化石的可能性仍然存在。人字洞遗址的发现，将亚洲人类的历史提前30万～70万年，为研究人类起源多地区说、为亚洲可能是人类起源的重要地区之一提供了新线索和依据，引起国内外学术界的广泛关注。2006年被国务院公布为全国重点文物保护单位。

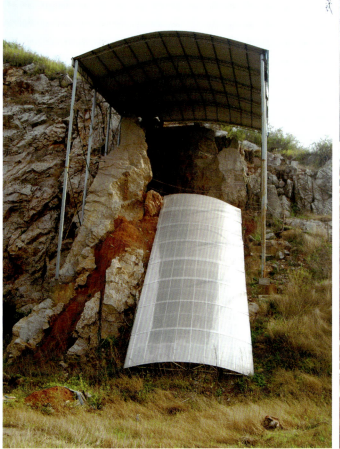

1-1-1　繁昌人字洞遗址

1-1-2　繁昌人字洞遗址

1-1-3　繁昌人字洞遗址发掘现场

1-1-4　繁昌人字洞遗址发掘现场

1-1-5　钝齿锯齿虎头骨

现藏中国科学院古脊椎动物与古人类研究所

人类起源

1-1-6　巨颏虎左、右上犬齿
现藏中国科学院古脊椎动物与古人类研究所

1-1-7　桑氏短吻硕鬣狗右下颌骨
现藏中国科学院古脊椎动物与古人类研究所

1-1-8　大熊猫小种左上颌骨
现藏中国科学院古脊椎动物与古人类研究所

1-1-9　凤歧祖鹿左下颌骨
现藏中国科学院古脊椎动物与古人类研究所

10	12
11	13

1-1-10　粗壮丽牛头骨
现藏中国科学院古脊椎动物与古人类研究所

1-1-11　三门马臼齿
现藏中国科学院古脊椎动物与古人类研究所

1-1-12　淮河黄昏爪兽右二、三趾
现藏中国科学院古脊椎动物与古人类研究所

1-1-13　山原貘左下颌骨
现藏中国科学院古脊椎动物与古人类研究所

14

15

16

1-1-14　中国犀左下颌骨
现藏中国科学院古脊椎动物
与古人类研究所

1-1-15　维氏原狒相似种
现藏中国科学院古脊椎动物
与古人类研究所

1-1-16　江南贝列门德鼩鼱
左下颌骨
现藏中国科学院古脊椎动物
与古人类研究所

1-1-17　长毛鼠属右下颌骨

现藏中国科学院古脊椎动物与古人类研究所

1-1-18　安徽长尾巨鼠左下颌骨

现藏中国科学院古脊椎动物与古人类研究所

1-1-19　铲形器　骨铲

现藏中国科学院古脊椎动物与古人类研究所

1-1-20　石制品

现藏中国科学院古脊椎动物与古人类研究所

第二单元

陈山遗址

　　陈山遗址位于宣城市宣州区向阳乡夏村陈山。1987~1995年安徽省文物考古研究所进行了三次发掘，面积250平方米，出土石制品400余件。石器原料以石英砂岩为主，次为砂岩，含少量石英岩、硅质岩；石器主要采用锤击法产生，少量砸击法和碰砧法；石核以双台面居多，单台面、多台面相对较少，自然台面多于打击台面；器形以砍砸器为主，次为刮削器、尖状器、石球等。总体风格显示为厚重粗犷、简洁实用，文化性质属于中国南方砾石工业类型，也有一些地方特色。陈山遗址面积为100万平方米，地质时代为中更新世中期至晚期，电子自旋共振法（ESR）测年数据为距今81.7万~12.6万年，文化层延续时间长达60多万年。陈山遗址规模大，文化层延续时间长，是目前长江中下游地区发现的一处具有典型意义的重要的旧石器文化遗址。2001年由国务院公布为全国重点文物保护单位。

1-2-1 宣城陈山遗址远景

$$
\begin{array}{c|c|c}
 & 2 & \\
\hline
3 & 5 & 6 \\
\hline
4 & &
\end{array}
$$

1-2-2　石砍砸器
现藏安徽省文物考古研究所

1-2-3　石刮削器
现藏安徽省文物考古研究所

1-2-4　石尖状器
现藏安徽省文物考古研究所

1-2-5　石球
现藏安徽省文物考古研究所

1-2-6　石核
现藏安徽省文物考古研究所

第三单元

和县人遗址

和县人遗址位于和县陶店镇（现属善厚镇）汪家山龙潭洞。构成洞穴的地层系寒武系白云岩，洞穴高出海平面23米。1973年冬，陶店乡农民兴修水利时，发现龙潭洞内埋藏着丰富的脊椎动物化石。

1980～1981年，中国科学院古脊椎动物与古人类研究所、安徽省文物考古研究所、安徽省博物馆、和县文化局组成联合发掘队，对该遗址进行了三次发掘，获得直立人完整头盖骨1具、下颌骨1段、额骨与顶骨碎片各1块、牙齿12枚，这些化石材料至少代表了3个以上的个体，其中头盖骨除颅底缺失较多外，脑颅的绝大部分都保存了下来。它在形态上具有直立人的许多典型特征，如头颅的穹隆低矮，额骨明显后倾，颅骨骨壁较厚，脑量较小（约1025毫升），颅骨的最大宽位置较低，有发达的眉嵴和枕嵴，枕骨的枕平面与项平面之间呈明显的角状过渡等等。从冠状缝、矢状缝、人字缝尚未愈合推测，和县猿人头盖骨为20岁左右的男性青年个体。和县人头骨在总的形态上和北京猿人较为相似，但又有一些进步的特征，如眶后缩窄较不明显，颞鳞相对较高及其顶缘呈弧形上曲等。下颌骨仅保有左侧一段，其上带有两个牙齿，

特征粗壮，髁孔较大，齿弓近马蹄形。下颌体高度33.2毫米，厚度22毫米，与北京人相似。牙齿的齿冠和齿根都比现代人要硕大和粗壮，齿冠较低，嚼面纹理复杂等，都接近北京猿人的情形。上内侧门齿特别粗壮，尺寸大于所有直立人，呈铲形，舌面底结节非常发育，舌结节游离缘分出几条指状突，并终止该面中凹。说明和县人是直立人中的进步类型。目前认为它的系统位置与晚期的北京人相当。和县人地质时代为中更新世中晚期，与北京人地点第3～4层或第5层时代相当。氨基酸外消旋法测得距今30万～20万年。

在发现和县猿人化石的同一层位上，还发现了大量的脊椎动物化石，经初步鉴定大约有50多种，其中爬行类有龟、鳖、扬子鳄等，鸟类有马鸡，哺乳类有田鼠、大鼠、硕猕猴、狼、豺、狐、猪獾、水獭、中国狗、剑齿虎、中华猫、豹、大熊猫、棕熊、东方剑齿象、马、中国貘、额鼻角犀、李氏野猪、葛氏斑鹿、肿骨鹿、麋、野牛等。既有北方生长的肿骨鹿、剑齿虎、巨河狸，也有南方生长的剑齿象、中国貘、鬣狗等。龙潭洞遗址的动物化石，种类多，分布密集，是一个南北之间过渡性的动物

组合。和县猿人生活时期的古气候为亚热带气候，自然环境是：汪家山一带的山脉，山上有茂密的森林，山下北面有滁河，河两岸为宽阔的旷野，有大片的草原和湖沼。

和县猿人的发现，填补了我省古人类考古的空白，尤其完整的头盖骨化石的发现引起了国内外学术界的重视，它的发现对于研究人类的起源和发展，研究南方和北方古人类的共性与差异，提供了重要的实物资料。1988年由国务院公布为全国重点文物保护单位。

1/2

1-3-1 和县人遗址发掘现场

1-3-2 和县人遗址（远景）

3
4
5

1-3-3　和县人头盖骨（模型）
现藏安徽省博物院

1-3-4　和县人臼齿
现藏安徽省博物院

1-3-5　棕熊下颌骨
现藏安徽省博物院

1-3-6　鬣狗下颌骨
现藏安徽省博物院

1-3-7　大熊猫臼齿
现藏安徽省博物院

1-3-8　东方剑齿象乳臼齿
现藏安徽省博物院

1-3-9　中国貘臼齿
现藏安徽省博物院

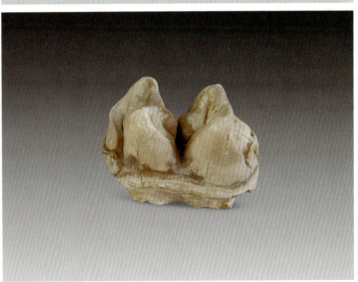

1-3-10　和县双角犀臼齿
现藏安徽省博物院

1-3-11　李氏野猪下颌骨
现藏安徽省博物院

1-3-12　四不像鹿角
现藏安徽省博物院

1-3-13　肿骨鹿下颌骨
现藏安徽省博物院

1-3-14　扬子鳄鳞片
现藏安徽省博物院

银山人遗址

银山人遗址位于巢湖市银屏区岱山乡岱山村银山，地理坐标北纬31°33'，东经117°52'，距和县人遗址约50千米，同属于一个地貌单元和动物地理区系。1982～1983年，中国科学院古脊椎动物与古人类研究所、安徽省文物考古研究所和巢湖市文物管理所对该遗址进行了3次发掘。银山西侧洞穴堆积分5层，1～2层为上部堆积（中更新世），在第2层发现人类化石，包括一块不完整的人类枕骨、一块附连3枚牙齿的左上颌骨以及3枚零星牙齿。发现的枕骨化石骨壁较薄，枕骨保存了枕鳞的大部分，枕平面与项平面不呈角状过渡，枕外圆枕不发育。人字缘的锯齿状骨缝清晰。从枕骨的人字缝看，枕骨所反映的年龄应小于26岁，代表一青年女性个体。上颌骨带有3枚牙齿，保存不完整。上颌骨主要保留了齿槽突的前部，右齿槽突带有第一前臼齿、第二前臼齿和第一臼齿，后面部分断失。上颌鼻下区保存完好，齿槽突颌程度稍显。齿槽突正中矢状面的轮廓线微向前凸，不像现代人那样平直或下凹。鼻前刺很发育，犁状孔下缘属钝形。银山人的上颌骨有某些近于猿人的特征，如稍显的突颌，鼻较宽，牙齿粗壮等。但又有许多进步的特征，如发达的鼻前棘，门齿管较垂直，上颌窦较向前伸延，表明上颌骨代表的银山人属于早期智人。银山人枕骨和上颌骨形态均与早期智人相近，但牙齿的粗壮程度均在直立人的变异范围之内，对于探讨直立人与早期智人之间的演化关系具有重要的意义。该层为含大量灰岩角砾的棕红色砂质黏土层，伴出的哺乳动物化石有中国鬣狗、剑齿象、貘、犀、肿骨鹿、小猪等10多种动物化石。由动物种属看，当时巢县一带为山地环水，有茂密的森林，山下有大片的草原、湖沼、河流。气候温暖湿润。银山人动物群时代可能略晚于和县人，大致与北京人地点第1～4层相当或稍晚。铀系法测年为20万～16万年。银山早期智人化石及哺乳动物化石的发现是我省继和县猿人化石发现之后，古人类和旧石器时代考古的又一重大发现，也是长江下游地区唯一一处早期智人化石地点，对研究中国人类起源和环境演化都有重要意义。1986年，由安徽省人民政府公布为省重点文物保护单位。

1-4-1　银山人遗址

1-4-2　银山人遗址

3	4
5	6

1-4-3　银山人枕骨(模型)
现藏安徽省博物院

1-4-4　野猪臼齿、犬齿
现藏安徽省博物院

1-4-5　中国鬣狗犬齿
现藏安徽省博物院

1-4-6　牛臼齿、距骨
现藏安徽省博物院

人类经过漫长的旧石器岁月，终于进入了新石器时代。

中国的新石器时代文化大约起始于1万年前，这一时期也是中华文明孕育的重要时期。在新石器时代，磨制石器被普遍使用，人类发明了农业和陶器，学会了饲养家禽家畜，开始了定居生活。在这一时期随着生产工具和生产方式的改进，社会生产力取得较大的发展，出现陶器、玉石器、骨角器等手工业作坊，创造了丰富多彩的史前文化，氏族社会形态也经历了母系、父系等阶段，开始了向文明社会的演进。

目前安徽境内已经发现新石器时代遗址400余处。其中以宿州小山口遗址年代最早，距今8000年左右。其次为濉溪石山子、蚌埠双墩、繁昌缪墩等遗址，距今约7000年左右。大约在距今6000年左右进入新石器时代晚期，潜山薛家岗、含山凌家滩、蒙城尉迟寺、固镇垓下、怀宁孙家城、蚌埠禹会村等一批重要聚落遗址的考古发现，展示了境内五彩缤纷的氏族文化和令人震撼的史前科技发展水平，闪耀着文明之光。生产力的发展与进步导致了氏族社会的分化和巨变，逐渐出现了分工，产生了贫富差距，江淮大地开始向文明社会迈进。

第二部分　文明曙光

第一单元

蚌埠双墩遗址

双墩遗址位于蚌埠市淮上区小蚌埠镇双墩村内，1986～1992年连续发掘了三次，出土大量陶片、残陶器、石器、骨器、角器、蚌器和大量红烧土块，发现有稻壳以及丰富的动物骨骼和蚌螺壳等。

双墩遗址的陶器，在陶质上以夹蚌末为主，次为夹炭，少量夹云母末，还有极少一部分泥质陶；陶器多素面，少数在口沿、肩部等凸出部位装饰戳刺纹、刻划纹、指甲纹、乳丁纹、附加堆纹、弦纹等纹饰，还有少量镂空和彩绘。双墩的制陶技术已经比较成熟，并创制了一套具有自身文化特征的器物，如带錾平底罐形釜、钵形釜、圈足碗、带錾钵、祖形支座、泥塑人面像等。石器数量少，形制小，主要有石斧、石锤、石球、研磨器、圆饼等。石器制作技术较原始，多在石料上稍作打制或简单的粗磨，磨制石器精品少，多数为打磨结合，制作较粗糙。骨、角器多为小型的工具和少量的饰件，有锥、针、笄、镞、镖、鹿角钩形器、渔具、饰件等。在加工技术上一般选用动物的肢骨或角作材料，先切割成型，再磨制钻孔成器。其中鹿角钩形器数量较多，比较典型，是当时的主要采集工具。双墩遗址中还发现了600多个刻划符号，均刻划在泥质陶器上，其中绝大多数符号是刻划在碗的外底部圈足内。刻划符号内容非常丰富，有山川、河流、太阳、动物、植物、房屋等写实类，也有猎猪、捕鱼、网鸟、狩鹿、种植、养蚕、编织、饲养家畜等生产与生活类，以及记事、记数等几何类刻划符号。这些符号一般单个出现，也有2个以上不同符号的组合表达方式，涉及双墩人的衣食住行以及天文历法、宗教信仰等内容，构成了双墩文化极其重要的内涵。双墩遗址的刻划符号是中国文字起源的重要源头之一，对研究中国乃至世界文字起源具有重要意义。

考古资料表明，当时的氏族经济已出现稻作农业，采集与渔猎活动仍占较大的比重。经碳十四年代测定，双墩遗址距今约7300年，是安徽淮河中游地区已发现的最早的新石器时代文化遗存之一。2005年在"蚌埠双墩遗址与双墩文化研讨会"上，专家们一致认为，双墩遗址文化内涵独特，有别于周围其他原始文化，被命名为"双墩文化"。目前这类文化遗存在怀远双古堆、定远侯家寨、淮南小孙岗、凤台峡山口、霍邱扁担岗、肥东岗赵等遗址都有发现，主要分布在沿淮和江淮北部。双墩文化的确立，为淮河中游地区考古树立了标尺，填补了淮河中游地区新石器时代早中期文化的空白，表明淮河流域与黄河、长江流域一样是中国古代文明的发祥地之一，为丰富中国古代文明起源多元一体学说提供了有力的证据，具有重要的科研价值和积极的现实意义。2004年，安徽省人民政府公布其为全省重点文物保护单位。

1	2-1-1	1991年春发掘现场
2	2-1-2	蚌埠双墩遗址（镜向西）

2-1-3　红陶纹面人头像
头高6.3、面宽6.5厘米
现藏蚌埠市博物馆

2-1-4　罐形陶釜
高32.4、口径34.8、底径15.6厘米
现藏蚌埠市博物馆

2-1-5　钵形陶釜
高15、口径37厘米
现藏蚌埠市博物馆

2-1-6　祖形陶支座

残高16.4、最大径13.2厘米

现藏蚌埠市博物馆

2-1-7　祖形陶支座

残高15.2、残径5厘米

现藏蚌埠市博物馆

2-1-8　陶钵

高11.6、口径26.4、底径14厘米

现藏安徽省文物考古研究所

2-1-9　陶钵
高14.4、口径20、底径9.6厘米
现藏安徽省文物考古研究所

2-1-10　陶碗
高10、口径27.2、底径9.6厘米
现藏安徽省文物考古研究所

2-1-11　陶罐
高17.4、口径26.4、底径12厘米
现藏安徽省文物考古研究所

文明曙光

<table>
<tr><td>12</td><td>13</td></tr>
<tr><td>14</td><td>15</td></tr>
</table>

2-1-12 陶网坠

左：长2.3、宽2、厚2厘米

右：长2.6、宽1.9、厚1.6厘米

现藏安徽省文物考古研究所

2-1-14 陶投掷器

高4.6、底径2.4厘米

现藏安徽省文物考古研究所

2-1-13 陶锉

残长14.6、最宽3.8、厚1.6厘米

现藏安徽省文物考古研究所

2-1-15 陶投掷器

长8.4、直径3.4厘米

现藏安徽省文物考古研究所

2-1-16　鹿角钩形器
左：钩长5、柄长5厘米
右：钩长5.6、柄长4.8厘米
现藏安徽省文物考古研究所

2-1-17　骨钩
长5.6厘米
现藏安徽省文物考古研究所

2-1-18　骨镞
长4.8厘米
现藏安徽省文物考古研究所

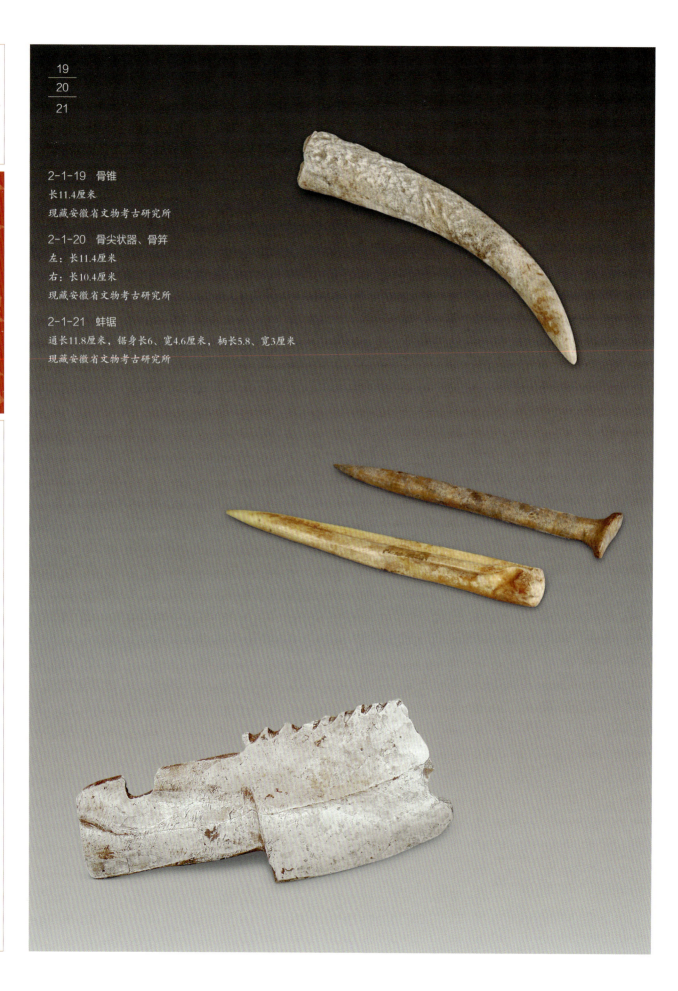

2-1-19　骨锥
长11.4厘米
现藏安徽省文物考古研究所

2-1-20　骨尖状器、骨笄
左：长11.4厘米
右：长10.4厘米
现藏安徽省文物考古研究所

2-1-21　蚌锯
通长11.8厘米，锯身长6、宽4.6厘米，柄长5.8、宽3厘米
现藏安徽省文物考古研究所

22 | 23

2-1-22　鱼形刻划符号
左一：直径8.4厘米
左二：直径9厘米
左三：直径8.4厘米
右一：直径8.2厘米
右二：直径9厘米
右三：直径8.6厘米
现藏安徽省文物考古研究所

2-1-23　猪形刻划符号
左一：直径7.8厘米
左二：直径8.1厘米
左三：直径8.2厘米
右一：直径6.8厘米
右二：直径10.2厘米
右三：直径9.8厘米
现藏安徽省文物考古研究所

凌家滩遗址位于安徽省含山县铜闸镇凌家滩自然村，面积达160万平方米。1987～2007年，先后进行了五次发掘，共揭露面积2650平方米。发现祭坛1处、大型红烧土块建筑基址1处、氏族墓地1处，出土玉器、石器、陶器等文化遗物2000多件，取得重大发现。其中祭坛面积约500平方米，是继良渚文化、红山文化祭坛发现之后又一重要发现，对研究原始宗教的起源具有重要价值。发现的氏族墓葬均围绕祭坛遗迹分布，已发现60多座，墓葬大小不一，随葬品多寡不同。其中07HLM23规模较大，随葬精美的石器、玉器、陶器等约300多件，应为氏族首领大墓。

陶器器形丰富，但火候较低，陶质较差，易碎。以生活用具为主，炊器有鼎、三足鬶等，存储器有壶、尊、罐、鸡形壶等，食器有豆、豆壶、盘、钵、杯等，纺织工具有陶纺轮等，文化内涵独特。石器数量较多，有斧、铲、锛、戚、璜、玦、环等。石器表面光洁，形制规整，抛光和切割技术高超，制作工艺精湛。石器钻孔采用管钻、实心对钻两种方法，圆孔两面对钻孔距准确。凌家滩还发现一件乳丁头石钻，是目前我国发现的年代最早的钻孔工具。其钻头与和柄一次加工而成，钻头为螺丝纹，与现代钻头的原理一致。石器中数量最多的为钺、锛和凿，属于兵器或生产工具，但许多石器表面并无使用痕迹，应该带有礼器的性质。玉器有1000多件，种类繁多，主要有璜、玦、环、管、珠、铲、斧等，其玉龙、玉鹰、玉虎、玉人、玉龟、原始八卦图玉版、玛瑙斧、玉勺、玉猪等，形制特殊，大多为国内首次考古发现，构思奇巧，寓意深刻，充分体现了凌家滩先民神奇的技艺和无穷的智慧，真实反映了当时的图腾崇拜、宗教信仰和朴素的宇宙观，堪称史前玉器的典范。玉石器在凌家滩文化中占有非常重要的位置，显示出凌家滩先民先进的玉石器制作工艺水平和神秘的精神世界。

经热释光检测，遗址年代距今5300年左右。凌家滩遗址的祭坛、氏族墓地以及大量精美玉器的发现，表明当时的凌家滩氏族已拥有较高的社会生产力，出现了新的社会分工，产生了社会成员贫富分化、等级差别等现象，充分显示出它是巢湖流域一处十分重要的、高等级的中心聚落遗址，对研究探索史前治玉工艺技术、氏族社会结构、原始宗教信仰、中国文明起源等具有重大意义。1998年度被评为全国十大考古新发现。2001年被国务院公布为第五批全国重点文物保护单位。

$$\frac{1}{}$$
$$\frac{2}{}$$
$$3$$

2-2-1　凌家滩遗址（全景）

2-2-2　凌家滩遗址墓葬区

2-2-3　祭祀遗迹发掘现场

文
明
曙
光

	4	5
	6	7
	8	

2-2-4　1987年发掘的6号墓葬

2-2-5　1987年发掘的8号墓葬

2-2-6　1987年发掘的15号墓葬

2-2-7　1998年发掘的29号墓葬

2-2-8　1998年发掘的30号墓葬

9 10
11 12
13

2-2-9　2000年发掘的21号墓葬

2-2-10　21号墓葬发掘现场

2-2-11　2007年发现的玉猪出土现场

2-2-12　2007年发掘的23号墓葬

2-2-13　23号墓葬发掘现场

文明曙光

2-2-14　陶鸡形壶、鬶、杯、豆、盖豆、壶

上左鸡形壶：高20、长30、口径11.8厘米

上中鬶：高22.3、口径8.5、腹径13.6厘米

上右杯：高20.5、口径7.1、底径11.2厘米

下左豆：高11.2、口径16.5、底径8.3厘米

下中盖豆：豆口径6.1、腹径11.1、底径8.8、高12.5厘米，盖口径8.1、高4.5厘米

下右壶：通高15、口径8.5、腹径15.3、底径6.8厘米

现藏安徽省文物考古研究所

2-2-15　石钻
通长6.3、宽1.1～2.5、厚1.2厘米
现藏安徽省文物考古研究所

2-2-16　石戈
通长18.9、宽9.5、厚2厘米
现藏安徽省文物考古研究所

2-2-17 石钺

上左一：长22.7、宽17.4、厚1.3厘米
上左二：长18、宽14.2、厚1.3厘米
上左三：长19、刃宽14.2、厚1.6、孔径3.6厘米
上左四：长20.6、宽15.2、厚1.3厘米
下左一：长17.3、宽12.8、厚1.2厘米
下左二：长17、刃宽12.3、厚1.6厘米
下左三：长16.6、宽8.8、厚0.8厘米
下左四：长13.7、宽8.9、厚1.3厘米
下左五：残长12.9、宽9.8、厚1.7厘米
下左六：长11、宽10.5、厚1.3厘米
现藏安徽省文物考古研究所

18
19

2-2-18　石锛、凿、斧、铲

（由左至右）

锛：长42.6、宽10.8、厚2厘米

锛：长40.8、宽7.7、厚2.8厘米

锛：长36.2、宽16.6、厚2厘米

凿：长30.1、宽3.9、厚3厘米

凿：长28.6、宽4、厚4.2厘米

锛：长19.2、宽5.6、厚1.6厘米

斧：长15.1、宽5.2、厚1.2厘米

铲：长12.8、宽5.4、厚0.4~1厘米

锛：长9.4、宽2.9、厚1.4厘米

锛：长7.8、宽3.3、厚1.6厘米

锛：长7.65、宽4.75、厚2.3厘米

现藏安徽省文物考古研究所

2-2-19　玉龙

长径4.4、短径3.9、厚0.2厘米

现藏安徽省文物考古研究所

安徽重要考古成果展

建国60周年

文明曙光

第二单元 凌家滩遗址

2-2-20　玉鹰
高3.5、长8.4、厚0.3厘米
现藏安徽省文物考古研究所

2-2-21　立姿玉人
高9.9、肩宽2厘米
现藏安徽省文物考古研究所

2-2-22　坐姿玉人
高8.1、肩宽2.3、厚0.5厘米
现藏安徽省文物考古研究所

23 / 24

2-2-23 玉龟

背甲：高4.6、长9.4、宽7.5、厚0.3～0.6厘米

腹甲：长7.9、宽7.6、厚0.5～0.6厘米

现藏北京故宫博物院

2-2-24 玉龟组合器

左玉龟形器：高3.6、背甲长6.4、腹甲长4.4、宽5.9、厚0.4～0.8厘米

左玉签：长7.5、宽1.1～1.3、最厚0.6厘米；长7.4、宽1.1～1.3、最厚0.6厘米

中玉龟形器：高4.2、背甲长6.3、腹甲长4.4、宽5.5、厚0.4～0.8厘米

中玉签：长5.7、宽0.9～1.3、最厚0.65厘米

右玉龟形器：高4.3、背甲长6.7、腹甲长4.9、宽6、厚0.2～0.8厘米

右玉签：长5.3、宽0.9～1.3、最厚0.6厘米

现藏安徽省文物考古研究所

文明曙光

25
26

2-2-25 玉版
长11、宽8.2、厚0.2～0.4厘米
现藏北京故宫博物院

2-2-26 玉勺
长16.5、勺匙宽2.7、柄长9.5、柄宽0.7、厚0.1～0.3厘米
现藏北京故宫博物院

2-2-27　玛瑙璜

外径15.7、内径12.7、宽1.4、厚0.9厘米

现藏安徽省文物考古研究所

2-2-28　玉璜

外径11.5、内径6.3、宽2.7、厚0.3厘米

现藏安徽省文物考古研究所

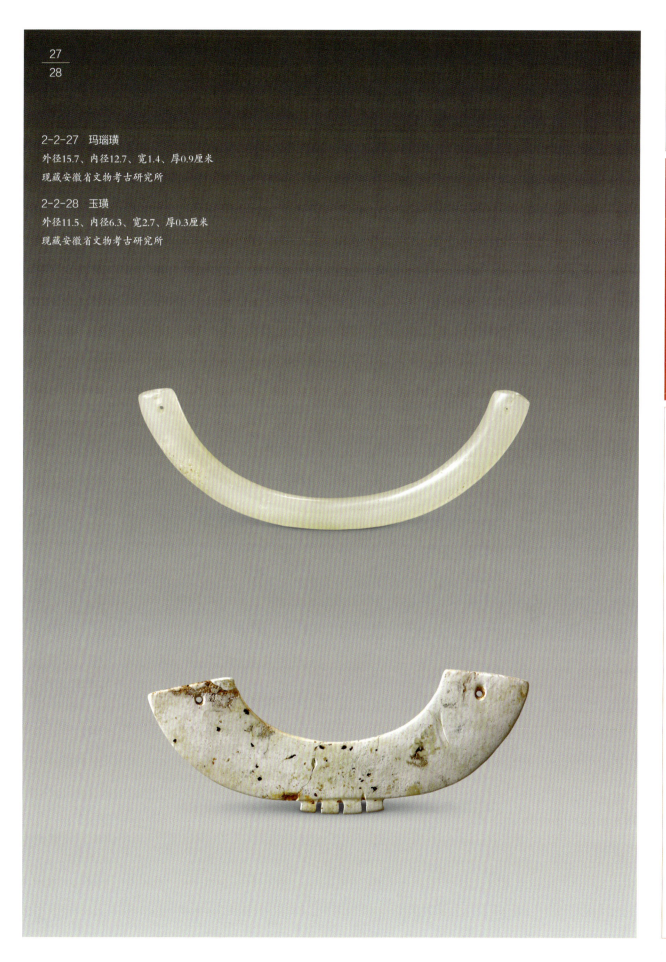

文明曙光

2-2-29　玉龙凤璜
外径16.5、内径13.6、宽0.9～1.5、厚0.5厘米
现藏安徽省文物考古研究所

2-2-30　玉齿环
外径9.9、内径7.7、宽1.1、厚0.1～0.4厘米
现藏安徽省文物考古研究所

2-2-31 玉环
外径7.4、内径4.3、小孔径0.2、厚0.2厘米
现藏安徽省文物考古研究所

2-2-32 玉镯
外径8、内径5.7、厚1厘米
现藏安徽省文物考古研究所

2-2-33 玉管
高1.1～1.9、长径1.3～1.75、短径0.95～1.3厘米
现藏安徽省文物考古研究所

2-2-34 玉玦
外径5.2、内径5、厚0.5厘米
现藏安徽省文物考古研究所

2-2-35 玉璧
外径4.7、内径1.3、厚0.6厘米
现藏安徽省文物考古研究所

2-2-36 水晶耳珰
高1.2、球径1.5、凹槽宽0.3、深0.2厘米
现藏安徽省文物考古研究所

2-2-37 喇叭形玉饰
高1.3、口径1.7、口壁厚0.09、底径0.9、底厚0.1厘米
现藏安徽省文物考古研究所

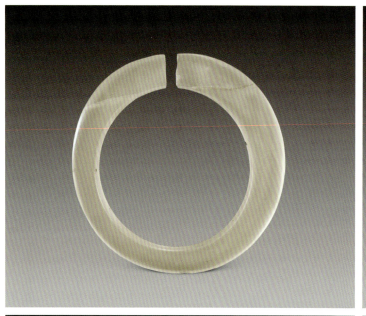

2-2-38 玛瑙钺
长18.1、刃宽8.2、厚1.2、孔径1.4厘米
现藏安徽省文物考古研究所

2-2-39 玉斧
长26.3、刃宽6.5、厚1.8厘米
现藏安徽省文物考古研究所

第三单元 薛家岗遗址

薛家岗遗址位于潜山县王河镇永岗行政村境内，总面积约10万平方米，是一处以新石器时代遗存为主的古文化遗址，距今约5200～4800年。遗址1979～2000年共经过六次发掘，揭露面积2331平方米，发现了房址、灰坑及墓葬等多处遗迹，出土各类遗物3000余件。文化遗物主要为陶器、石器和玉器。陶器以夹砂红陶、夹细砂或泥质灰陶、泥质黑衣陶为主，另有少量夹植物壳或夹蚌末陶。在器形上，以鼎、豆、壶、鬶、碗或盆为基本组合，纺轮、陶球也是常见的器物。这些器物都具有较强的自身特点：鼎的足部以凿形、鸭嘴形、枫叶形最具特点，豆柄的上部呈算珠形或足沿陡折呈台状为典型特征，壶以球腹或扁腹为主，鬶则以长颈喇叭口、凿形足、扁长三角形或麻花形的把手为主要形态。陶球是薛家岗遗址最具特征的器类之一，绝大多数体内中空，内装有小陶丸，摇之有声，清脆悦耳。陶球表面常有镂孔或戳印纹，并按经纬线的形式构成复杂的图案，十分精美。有研究者认为，这种陶球是一种原始的"乐器"。石器有石刀、石钺、石锛、石斧、石凿、石镞等。石器多通体精磨，对面钻孔，少数

刀、钺的孔眼周围还绘有红色花果形图案，古朴典雅。其中以奇数相列的一至十三孔石刀尤为特殊，而十三孔石刀不仅在国内是首次发现，在世界考古史上也绝无仅有。玉器以钺、璜、镯、环、管、饰片和半球形玉饰为主，还有小玉琮。这些玉器雕刻精美，图案对称，工艺水平很高。其中风字形钺、半璧形和器体瘦长的桥形璜、弓背形璜以及半球形玉饰特征明显。

薛家岗遗址是建国后我省新石器时代考古的重要发现，它面积大，文化层堆积较厚，出土文物十分丰富，具有浓郁的地方特色。其中鸭嘴形足罐形鼎、枫叶形足盆形鼎、多孔石刀以及镂空的陶球等都颇具代表性，展示了薛家岗遗址的文化特征，现已被命名为"薛家岗文化"，这也是安徽省境内最早被定名的史前文化。同类遗址经过发掘的，主要有望江汪洋庙和黄家堰、安庆夫子城、怀宁杨家嘴和孙家城、太湖王家墩、潜山天宁寨等，主要分布在皖西南地区，在鄂东、赣西北也有发现。对研究长江中下游地区的原始文化具有重要的学术价值。1996年由国务院公布为全国重点文物保护单位。

1
2

2-3-1　薛家岗遗址

2-3-2　1979年3月薛家岗遗址发掘现场

3 | 4
—
5

2-3-3　1979年3月薛家岗遗址发掘现场

2-3-4　1980年第三次发掘现场

2-3-5　陶罐形鼎
通高16、外口径10.8厘米
现藏安徽省博物院

2-3-6　陶鬶
通高15.4、口径6.2厘米
现藏安徽省博物院

2-3-7　陶球
上左：直径5.2厘米
上中：直径6.8厘米
上右：直径5厘米
下左：直径4.5厘米
下右：直径4.3厘米
现藏安徽省博物院

文明曙光

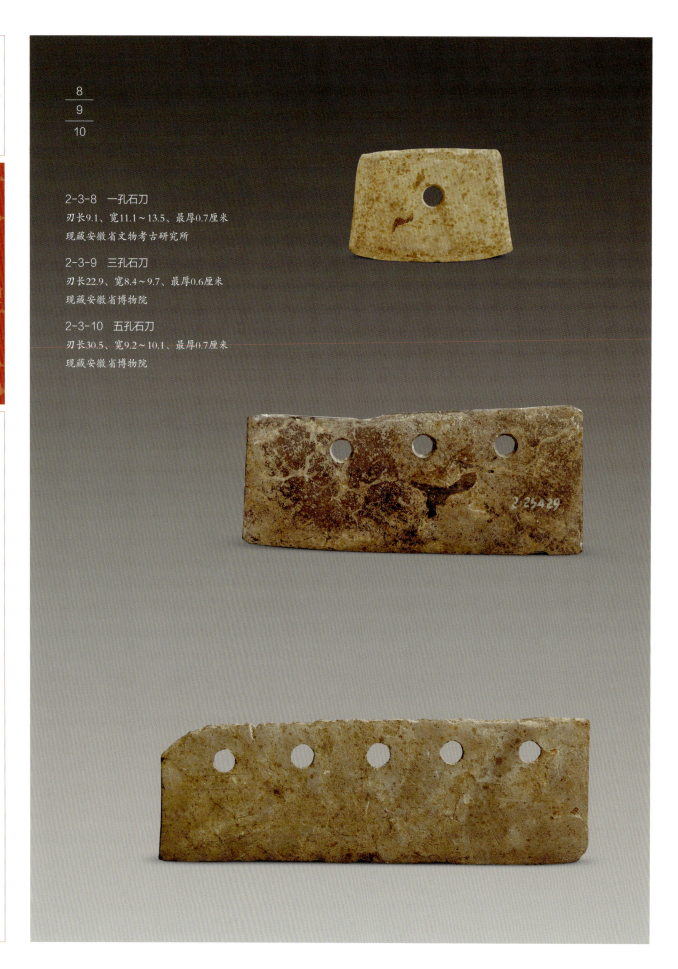

8
9
10

2-3-8　一孔石刀
刃长9.1、宽11.1～13.5、最厚0.7厘米
现藏安徽省文物考古研究所

2-3-9　三孔石刀
刃长22.9、宽8.4～9.7、最厚0.6厘米
现藏安徽省博物院

2-3-10　五孔石刀
刃长30.5、宽9.2～10.1、最厚0.7厘米
现藏安徽省博物院

2-3-11　七孔石刀
刃长31.1、宽10.1～12.3、最厚0.5厘米
现藏安徽省博物院

2-3-12　九孔石刀
刃长46.9、宽9.9～12.2、最厚0.6厘米
现藏安徽省文物考古研究所

2-3-13　十一孔石刀
刃长41.3、宽8.4～11.2、最厚0.5厘米
现藏安徽省博物院

2-3-14　十三孔石刀
刃长50.9、宽9～11.6、最厚0.6厘米
现藏安徽省文物考古研究所

$$\frac{15}{\frac{16}{17}}$$

2-3-15　彩绘石钺
长13.4、刃宽11.5、厚1厘米
现藏安徽省博物院

2-3-16　玉钺
长16.4、刃宽8.6、厚0.8厘米
现藏安徽省文物考古研究所

2-3-17　玉钺
长17、刃宽9、厚1.2厘米
现藏安徽省博物院

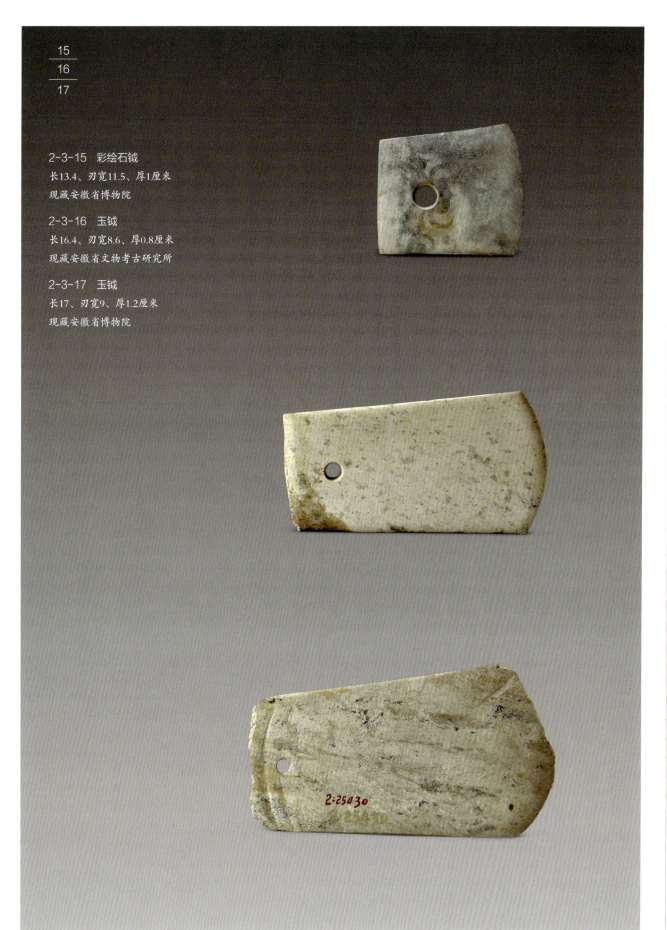

18
19
20

2-3-18　玉钺
长17.7、刃宽8.2、厚1厘米
现藏安徽省博物院

2-3-19　玉钺
长14.6、刃宽10.2、厚1.6厘米
现藏安徽省文物考古研究所

2-3-20　玉镯
直径9、厚0.8厘米
现藏安徽省文物考古研究所

2-3-21 玉环
直径11.2厘米
现藏安徽省文物考古研究所

2-3-22 玉环
直径7.5、厚0.7厘米
现藏安徽省博物院

文明曙光

2-3-23　玉璜
长7、厚0.5厘米
现藏安徽省博物院

2-3-24　玉璜
长8、厚0.6厘米
现藏安徽省博物院

2-3-25　玉璜
长13、厚0.5厘米
现藏安徽省博物院

2-3-26 玉璜
长9.2、厚0.5厘米
现藏安徽省文物考古研究所

2-3-27 玉琮
高2.1、边长1.8厘米
现藏安徽省文物考古研究所

第四单元

尉迟寺遗址

尉迟寺遗址位于安徽省蒙城县许町镇毕集村东150米处，总面积10万平方米，遗址年代距今约4800～4300年，是我国目前保存较为完整、规模较大、以大汶口文化为主的原始社会聚落遗存。1989～2003年，中国社会科学院考古研究所对遗址共进行了13次发掘，揭露面积1万多平方米，发现大型红烧土排房14排共73间、墓葬300余座以及大量的灰坑、祭祀坑等遗迹，并在聚落周围发现一条大型的椭圆形围沟，形成一个非常严谨的原始聚落布局，出土各类遗物近万件。遗址文化内涵除有部分龙山文化遗存外，以大汶口文化晚期遗存为主。

尉迟寺是一处南北230、东西220米的圆形环壕大汶口文化聚落，发现的房址均围绕遗址中心，分别以2间、4间、5间为一排，多呈东南—西北走向。房址为浅穴式建筑，一般面积为10平方米，大者近30平方米。墙体为木骨泥墙，与地面同时经烧烤，墙面光滑，有的抹有一层白灰面。墓葬集中分布在遗址北部，有成人土坑墓和儿童瓮棺葬。在作为瓮棺的大口尊上，发现有5种刻划符号，部分涂朱，这些符号与山东境内大汶口文化晚期发现的符号相同。

文化遗物有陶器、骨角器、蚌器和石器等，以陶器为主。陶器以夹砂红褐陶和泥质灰陶、黑陶为主，其中夹砂陶中有羼和少量碎蚌壳的现象，黑陶多为磨光陶。陶器流行流口、把手、颈、三足、附耳、带柄等。器形非常丰富，主要有鼎、罐、鬶、壶、杯、瓮、尊、钵、碗、盆、豆、瓶、甑等。常见陶器为鼎、鬶、罐、壶、杯、豆等组合，具有大汶口文化的一般特征，同时也具有一定的地域特点，属于大汶口文化晚期一个新的地方类型。在尉迟寺遗址中还发现一些特殊器形，为国内其他遗址所罕见。如陶鸟形神器是尉迟寺遗址出土的最特殊的器物，反映了大汶口人的鸟图腾崇拜现象，它也是一件权力象征物，应为氏族的首领所拥有，在重大的场合出现，是供氏族成员膜拜的神物。七足镂孔器出土于龙山文化时期的房基中，出土时筒形口朝下，球形腹上安装7个陶质细长圆锥体，尖朝上。此器造型独特，应为祭器。石器是尉迟寺遗址最主要的生产工具，有石钺、小型石锛、石镰等。石器大多数有不同程度的损坏，有些是使用中造成的。这些石器的原料以砂岩和各类泥岩居多，其次为石灰岩。石器加工采用了打制、琢制和磨制等工序，穿孔技术较为纯熟，一般采用对钻方法，少数采用单向管钻。玉器有玉饰、环、管、珠等。骨器有矛、锥、针、簪等。在遗址中同时发现了小米和大米农作物的遗存，这对研究黄淮地区距今5000年前的原始农业状况和当时的自然地理环境具有重要意义。

尉迟寺遗址是皖北地区目前规模最大的一处原始聚落遗址，也是迄今为止大汶口文化中保存最完整的聚落形态。它的发现，不但填补了大汶口文化无完整聚落资料的空白，而且还确立了大汶口文化一个新的类型——尉迟寺类型，对研究和复原原始社会史，特别是全面探讨大汶口文化和深入研究皖北地区的物质文化，都具有重要的学术价值。1994年被评为全国十大考古发现。1996年由国务院公布为第五批全国重点文物保护单位。

1
2

2-4-1　尉迟寺遗址远景

2-4-2　1994年尉迟寺遗址发掘现场

$\dfrac{3}{4}$

2-4-3　1994年尉迟寺遗址红烧土排房

2-4-4　排房基址发掘的局部

2-4-5　陶鬹

高30.4厘米

现藏中国社会科学院考古研究所

2-4-6　陶背壶

高35.1、口径5.4、底径8.7厘米

现藏中国社会科学院考古研究所

2-4-7　陶四耳长颈壶

高40.8、口径14.2、底径12.7厘米

现藏中国社会科学院考古研究所

2-4-8　刻符陶大口瓮

高57.6、口径31.2厘米

现藏中国社会科学院考古研究所

2-4-9　陶鸟形神器
高59.5、底径14.4厘米
现藏中国社会科学院考古研究所

2-4-10　陶七足镂孔器
通高41.2、口径13.4、足长18厘米
现藏中国社会科学院考古研究所

第五单元

其他重要史前考古发现

安徽境内史前文化异彩纷呈，大约在距今5000~4000年左右，江淮大地氏族社会逐步开始向文明社会——早期国家演进。固镇垓下大汶口文化晚期城址的发现，填补了安徽无史前城址的空白，为探讨我国早期城市的起源与发展演变轨迹以及淮河流域文明化进程，提供了宝贵的资料。其秦汉时期的考古发现，也对佐证"垓下之战"这段历史颇具价值。怀宁孙家城遗址发现的新石器时代城址，是目前我省发现的年代较早的城址，为皖河流域及长江下游

史前聚落变迁提供了重要资料。在蚌埠禹会村遗址发现了具有祭祀性质的大型夯土台基和烧土坑、器物坑，这一发现对于考证"大禹治水"和"禹会诸侯于涂山"的历史，进而对研究中国古代文明在淮河流域的起源和发展，都有着极其重要的意义。另外，在萧县金寨、肥东刘岗、怀远龙王庙、定远山根许、望江黄家堰等地都发现大批精美的玉石器。这些新的考古发现，为研究本地史前文化的发展进程提供了丰富的实物资料。

第一组　孙家城遗址

遗址位于怀宁县西北的马庙镇栗岗村，现存面积约25万平方米。2007年10月至2008年12月，安徽省文物考古研究所与安徽大学对孙家城遗址进行了两次发掘，取得重要发现。确认新石器时代城址1座，发现薛家岗文化早期墓葬和早于薛家岗文化的地层堆积，出土陶器、石器、玉器200余件。遗址周边有城垣，大致呈圆角长方形，东、南、西面大体保存完好，东北角、西北角及北面被毁，其城垣外围东西长约600多米，南北宽约300多米，残高1~3米，底宽12~20米，顶宽5~

10米。经过发掘，探明该城垣始建于龙山时代，距今约4500年。考古资料表明，该遗址延续时间较长，从距今约6000年的新石器时代早期文化，经历薛家岗文化早、晚期，张四墩类型时期，在商周时期仍然有先民活动。龙山时代城址的发现为皖河流域及长江下游史前聚落变迁和社会发展进程提供了不可多得的材料，薛家岗文化早期墓葬及更早期文化的发现，为寻找薛家岗文化的渊源提供了新的线索。具有重要的科学和历史研究价值。现为安徽省重点文物保护单位。

$\dfrac{1}{2}$

2-5-1-1 孙家城遗址全景

2-5-1-2 孙家城遗址跨四个探方的大面积红烧土面

文明曙光

$\dfrac{3}{4}$

2-5-1-3　釜形陶鼎

通高18、口径17.5厘米

现藏安徽省文物考古研究所

2-5-1-4　罐形陶鼎

高17、口径14厘米

现藏安徽省文物考古研究所

2-5-1-5　陶壶
高14.7、口径10厘米
现藏安徽省文物考古研究所

2-5-1-6　陶杯
高14.2、口径9厘米
现藏安徽省文物考古研究所

文
明
曙
光

安徽重要考古成果展

建国 60 周年

文明曙光

2-5-1-7 石斧
长9.2、宽6、厚2厘米
现藏安徽省文物考古研究所

2-5-1-8 石钺
长12.8、宽11.5、厚1厘米
现藏安徽省文物考古研究所

2-5-1-9 石锛
长8.3、宽3.8、厚1.2厘米
现藏安徽省文物考古研究所

10
——
11

2-5-1-10　石镞
最大一件：长8.7、宽2.4、厚1.1厘米
最小一件：长4.5、宽1.1、厚1.1厘米
现藏安徽省文物考古研究所

2-5-1-11　玉璜
长6.1、宽2.4、厚0.5厘米
现藏安徽省文物考古研究所

第二组　垓下遗址

垓下遗址位于固镇县濠城镇，因是楚汉战争决战的中心而闻名，属于省级重点文物保护单位。2007～2009年，为配合垓下遗址整体保护方案的编制，安徽省文物考古研究所对该遗址进行了普探和考古试掘，在汉代城址的下面发现了一座大汶口晚期的城址，出土石器、陶器、铜器、铁器、玉器以及瓷器等众多文化遗物，取得重要成果。遗址是一处重要的古代城址，呈弧角长方形，南北长、东西短，四周土垣，城圈总长度1510米，面积约15万平方米。该城址由城墙、城门、护城河、道路与排水系统、夯土建筑基址、红烧土遗迹、活动场、窑址、水井、灰坑等不同时期的多类遗迹组成。通过城墙解剖，发现大汶口文化晚期的城墙为堆筑，残高3～4米。在一处城墙剖面上发现有古代地震的断面遗迹，在西北角城墙上还发现大汶口晚期的红烧土墙铺白灰面的排房，已发现5间。此外还发现新石器时期的陶窑、房基、墓葬，以及石器、陶器、玉器和稻谷等。

垓下遗址所处的淮河中下游地区，是我国古代东西南北文化的交汇地带，大汶口时期城址的发现不仅填补了安徽无史前城址的空白，也是淮河流域发现的第一座史前城址，它为探索该地区大汶口时期的考古学文化面貌，乃至我国文明起源和早期城址形态与筑城技术的演变轨迹提供了新的线索。垓下遗址俗称"霸王城"，秦末汉初，属沛郡，为军事重镇，刘邦和项羽在垓下及周边地区发生了闻名中外的楚汉战争——垓下之战，史书记载"霸王曾踞城而战"，遗址出土的铜箭镞、铁箭镞、楚蚁鼻钱等文化遗物对了解这段历史颇具价值。汉代城的发现，不仅从考古资料方面佐证了垓下为西汉时期吕产所建洨侯国都邑所在地的历史事实，而且对研究淮北地区汉代城市的布局、政治经济与文化很有意义。

2-5-2-1　垓下遗址局部地貌（镜向东南）

2
3

2-5-2-2 东城墙剖面

2-5-2-3 稻壳

文明曙光

$\dfrac{4}{5}$

2-5-2-4　陶鼎

通高27、口径20厘米

现藏安徽省文物考古研究所

2-5-2-5　陶壶

高12.5、口径9.5厘米

现藏安徽省文物考古研究所

第三组　禹会村遗址

2006年以来，中国社会科学院考古研究所在中华文明探源第二阶段工作的实施中将蚌埠市禹会区禹会村遗址作为作为重点进行了考古勘探和发掘，取得了重要发现。通过钻探发现禹会村遗址分布范围达50多万平方米，在遗址中部发现一甲字形具有祭祀性质的大型堆筑台迹，以及烧坑、器物坑，出土大量龙山时期的文化遗物。其中一个大型圜底烧坑，分多次堆筑而成，经过了挖坑—烧烤—堆筑—烧烤—堆筑等过程，并在每层坑壁及坑底的烧面之上，遗留有多件规格高、器形别致的陶器。据文献记载，禹会村遗址曾是当年大禹会诸侯的地方。考古发现表明，该遗址的时代为龙山时期，文化面貌除具有很强的地域特征外，又以山东龙山和河南龙山为主，代表了江淮之间地区一个新的文化类型。该遗址的时代与禹会诸侯的时间相吻合，同时遗址的面积大、并有不少具有祭祀性质的烧坑和陶器，带有盟会遗迹的特色。这一发现对探索文明的起源有着重要的意义。

2-5-3-1　禹会村遗址2008年发掘的堆筑台迹（镜向北）

2-5-3-2　陶鼎
现藏中国社会科学院考古研究所

2-5-3-3　陶鬶
现藏中国社会科学院考古研究所

2-5-3-4　陶罐
现藏安徽省博物院

2-5-3-5　陶单耳罐
现藏中国社会科学院考古研究所

第四组　烟墩山遗址

遗址位于马鞍山市雨山区佳山乡平山行政村南部，属于一处比较典型的台型遗址，高出四周农田4～8米，面积3万多平方米。2003年9～12月，安徽省文物考古研究所配合该市九华路工程建设对遗址进行了抢救性发掘，面积950平方米。上海大学历史系和南京大学考古专业师生也先后参加了此次发掘工作。发现新石器时代晚期墓葬9座、西周时期的墓葬9座，以及房址、灶、灰坑、沟等遗迹，出土新石器时代晚期至商周时期陶器、玉器、石器、青铜小件等各类遗物近200件。新石器时代晚期墓葬均为长方形竖穴土坑墓，人骨架保存好坏状况不一。随

葬品有多寡之分。随葬品以陶器居多，有壶、杯、罐、豆、簋、碗、鼎等。石器有铲、斧等，玉器有璜、镯、锥形器、坠、管、珠和玉人饰片等。商周时期出土的遗物主要有陶器、印纹陶器、原始瓷器、石器和青铜器等，为湖熟文化常见的器形。烟墩山遗址时间跨度大，文化内涵十分丰富，不仅有典型的湖熟文化类型的遗存，而且还发现了相当于崧泽文化晚期的遗存，这在马鞍山乃至整个皖东南地区都属首次发现，为探索该地区史前和商周时期的文化交流传播提供了重要的新的实物资料。现为省级重点文物保护单位。

2-5-4-1　烟墩山遗址

2-5-4-2 M1

2-5-4-3 M10

$\dfrac{4}{5}$

2-5-4-4　陶鬶

高19、口径9.5厘米

现藏安徽省文物考古研究所

2-5-4-5　高圈足陶杯

高14.5、口径6.9厘米

现藏安徽省文物考古研究所

2-5-4-6　石锛

长9、宽4厘米

现藏安徽省文物考古研究所

2-5-4-7　石锛

现藏安徽省文物考古研究所

2-5-4-8　石钺

长13、宽9厘米

现藏安徽省文物考古研究所

2-5-4-9　石钺

长17、宽8厘米

现藏安徽省文物考古研究所

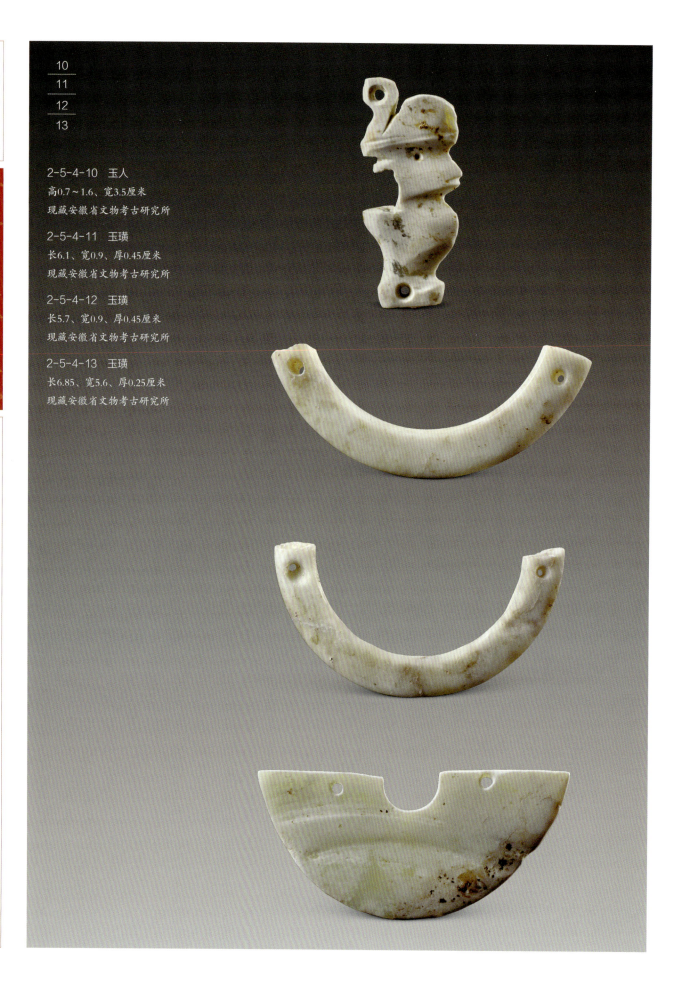

文明曙光

2-5-4-10　玉人
高0.7~1.6、宽3.5厘米
现藏安徽省文物考古研究所

2-5-4-11　玉璜
长6.1、宽0.9、厚0.45厘米
现藏安徽省文物考古研究所

2-5-4-12　玉璜
长5.7、宽0.9、厚0.45厘米
现藏安徽省文物考古研究所

2-5-4-13　玉璜
长6.85、宽5.6、厚0.25厘米
现藏安徽省文物考古研究所

2-5-4-14　玉环
高1.66、外径4.8、内径4厘米
现藏安徽省文物考古研究所

2-5-4-15　玉坠
长2.7、腹部最大直径0.8厘米
现藏安徽省文物考古研究所

2-5-4-16　玉坠
长6.1、腰部最大直径0.75厘米
现藏安徽省文物考古研究所

2-5-4-17　玉管、珠
玉管：通高1.94、内径0.4、外径0.65～0.7厘米
玉珠：直径1.21、孔径0.2厘米
现藏安徽省文物考古研究所

第五组　其他遗址出土文物精品

在萧县金寨、肥东刘岗、怀远龙王庙、定远山根许、望江黄家堰等地史前遗址中，都发现有精美的玉石器。这些玉石器除有本地文化因素外，还有良渚文化和大汶口文化的影响，它们的发现，对研究境内史前玉石制作工艺水平和诸原始文化间的交流具有重要意义。

2-5-5-1　兽面纹玉饰

长4.63、宽1.05～1.7、厚0.3～0.55厘米

怀远县龙王庙遗址出土

现藏怀远县文物管理所

2-5-5-2　玉琮
高39.9、宽7～7.74厘米
肥东县张集乡刘岗村出土
现藏安徽省博物院

文明曙光

2-5-5-3　玉璧
直径18.9、孔径4.1～4.3、厚1～1.1厘米
萧县皇藏峪金寨遗址出土
现藏萧县博物馆

2-5-5-4 玉锥形器
长25.5、宽0.44～0.66厘米
萧县皇藏峪金寨遗址出土
现藏萧县博物馆

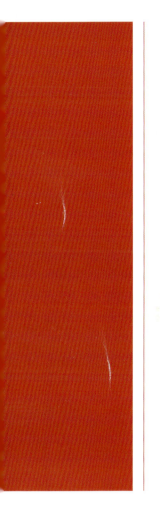

夏商周时期，中国青铜文化闻名于世。这一时期安徽与中原王朝联系紧密，曾发生过许多重大历史事件，加速了文化的传播与交流，促进了境内青铜文化的繁荣。考古资料表明，安徽是最早生产青铜器的地区之一，青铜文化发达。早在商末周初安徽铜陵、南陵一带已开采铜矿，先秦铜矿遗址广泛分布于皖江两岸，是中国青铜时代的重要青铜原料产地之一，对中国青铜文化的发展与繁荣产生过重要的作用。

安徽地区出土的青铜器在中国青铜文化中占有重要地位。在肥西、六安曾发现有夏代的单扉铜铃和素面斝，说明远在夏代安徽江淮地区与中原青铜文化已存在着密切的联系。进入商代，安徽出土青铜器数量增多，分布地域广泛，商文化的影响已经深入到全省各地。西周时期，青铜器不仅数量和器类增加，而且还产生了明显的地方文化风格。春秋战国时期王室式微、诸侯兴起，境内群舒、钟离、蔡、吴、越、楚等方国文化日益繁荣，各领风骚。这些方国文化遗物的出土对于研究春秋战国时期社会历史以及各种青铜制作工艺、城市营建制度等方面，都具有十分重要的价值。

第三部分　商周瑰宝

第一单元 夏商周时期

青铜器

建国以来，在淮河流域、江淮之间和长江沿岸曾先后发现有多批夏商周时期的青铜器，它们大多受中原文化影响，带有强烈的中原文化因素，而巢湖流域以南地区出土的青铜大铙等部分器物则又呈现出南方青铜文化的特点。这些青铜器大多造型优美，风格独特，铸造精良，对探索安徽地区青铜铸造技术水平以及江淮地区与中原文化的关系具有重要的价值。

目前安徽境内发现的年代最早的青铜器，是1972年在肥西大墩孜遗址出土的铜斝、铜铃，时代为二里头时期。

商代青铜器在沿淮、江淮和皖南均有发现，大多是零星出土。比较集中的有：1957年6月在阜南朱寨润河边发现一批青铜器，有斝2件、爵2件、觚2件、饕餮纹尊和龙虎尊各1件。其中龙虎尊最为著名，器

表作半透雕式，使用内范花纹凸出的做法，并且有效地使用支钉和两次浇铸，使肩上的龙身似游动，龙头伸出肩沿外，腹面二虎共吞食裸体人像，造型和纹饰别具风格，精美绝伦。1965年10月在肥西馆驿发现一组商代铜器，有斝、爵、觚等5件。其中斝、爵体大厚重，铸造精良，为商代同类器所罕见，颇有特色。

西周时期比较集中的有：1973年潜山县彰法山出土卣、爵、甗等一组西周青铜器。从花纹风格观察，颇似中原地区同期青铜器。1982年以来颍上县王岗等地陆续出土不少西周早中期的青铜器，计有鼎、爵、觚、卣等，铜器有族徽和"父丁"等铭文，疑与历史上的淮夷族有关。该地还出土鼎、簋、觚、卣等组成的仿铜铅器，是明器化铜器的发展。这些材料对探索淮夷族文化具有重要的历史价值。

3-1-1　单扉铜铃　夏
通高8.6、底部最宽8.6厘米
1972年肥西大墩子商代遗址出土
现藏安徽省博物院

3-1-2　兽面纹铜鬲　商
高24.2、口径15.3、耳高3.9、腹深12.2厘米
1957年阜南县朱寨区常廊乡五里社月牙河出土
现藏安徽省博物院

商周瑰宝

3-1-3　兽面纹铜尊　商

高47、口径39.3、腹径115.5、腹深38.5、底径24厘米

1957年阜南县朱寨区常廊乡五里社月牙河出土

现藏安徽省博物院

3-1-4　兽面纹铜觚　商

通高47、口径15.5、足径11厘米

1957年阜南县朱寨区常廊乡五里社月牙河出土

现藏安徽省博物院

3-1-5　兽面纹铜爵　商
高38.7、流至尾长21.5厘米
1965年肥西县馆驿乡糖坊村出土
现藏安徽省博物院

3-1-6　兽面纹铜斝　商
通高55.3、口径26.1、底径20、足高17.3厘米
1965年肥西县馆驿乡糖坊村出土
现藏安徽省博物院

7
8

3-1-7　兽面纹铜斝　商
通高33、口径18.2厘米
1983年铜陵西湖乡童墩村出土
现藏铜陵市博物馆

3-1-8　兽面纹铜爵　商
高23、腹深9.6厘米
1983年铜陵西湖乡童墩村出土
现藏铜陵市博物馆

3-1-9　兽面纹铜尊　商

高70、口径60.5、腹径42、底径36厘米

1993年六安市委党校建筑工地出土

现藏皖西博物馆

3-1-10　兽面纹方铜罍　商

通高44、口边长20×18、底边长12.7×10.5厘米，重11.5公斤

1987年枞阳县汤家墩遗址出土

现藏枞阳县文物管理所

3-1-11　兽面纹铜尊　商

高21.5、口径19.5、腹径13.5、腹深15.5、底径13.9厘米

1973年潜山县彰法山百货公司仓库工地出土

现藏潜山市博物馆

3-1-12 云纹大铜铙 商
通高37.7、甬长16、铙间28.8厘米
宣城宣州区养贤乡石山村出土
现藏宣城市博物馆

3-1-13　乳丁云纹大铜铙　商末周初

通高84.2、舞修45.3、舞广32、铣间60.5、鼓间43厘米

2008年青阳县新河镇大撩湾出土

现藏青阳县博物馆

$\dfrac{14}{15}$

3-1-14　凤纹铜簠　西周
通高17.3、口长28.8、口宽22.3厘米
1984年利辛县张村管台子庄西周窖藏出土
现藏利辛县文物管理所

3-1-15　环带纹铜鼎　西周
通高21.5、口径21.3、腹深10厘米
1982年巢湖废旧收购部门拣选
现藏巢湖市文物管理所

3-1-16　绳耳铜鬲　西周
通高19.5、口径17厘米
1981年宣城孙埠乡正兴村出土
现藏宣城市博物馆

3-1-17　重环纹铜鼎　西周
通高21.2、口径24厘米
1981年宣城孙埠乡正兴村出土
现藏宣城市博物馆

3-1-18　龙纹铜甬钟　西周

通高24、甬长9.2、铣间19.7厘米

1981年宣城孙埠乡正兴村出土

现藏宣城市博物馆

3-1-19　云雷纹铜甬钟　西周
通高42、甬长12厘米
2008年太湖县弥陀镇界岭村砖厂工地出土
现藏太湖县文物管理所

夏商时期，安徽境内有英、六、巢等部落小方国。西周分封后存在很多方国，有州来、胡、桐、沈、萧、焦、宿、徐、越章、宗、皖、蓼、群舒、钟离等。春秋时期，大国争霸，安徽为吴头楚尾，吴楚进入江淮，越、蔡先后卷入，境内的原有土著方国大部分先后被楚、吴两大国兼并。公元前333年，楚灭越国，安徽全境属楚地。根据迄今发现的当时最有代表性的青铜器看，这一时期中原文化、吴越文化、楚文化、群舒文化在这里相互交流、相互影响、相互融合，促进了本地区文化的发展和繁荣。

第一组　群舒

群舒是诸多偃姓小国的统称，春秋时期主要分布在今安徽省江淮中西部，以舒城、庐江为中心，星罗棋布。见于记载的有舒、舒蓼、舒庸、舒鸠、巢、宗、桐、皖等，至春秋晚期大多被楚国灭亡。20世纪50年代以来，在舒城凤凰嘴、肥西县小八里、怀宁杨家牌、舒城河口、庐江岳庙、六安走马岗、潜山黄岭、桐城长岗、寿县魏岗等地陆续发现一批春秋时期的墓葬，均为土坑墓葬。随葬品以铜器为主，有鼎、兽首鼎、鬲、带把盉、盘、匜、缶、甗、尊、勺、剑、矛和铜工具等，伴出的还有玉器、印纹陶罐、原始青瓷器等。这些铜器的器表多装饰云雷纹、蝉纹、窃曲纹、蟠虺纹等，制作工艺精湛，造型美观。铜器中的牺首鼎、带把三足盉、四环方簋、铉鼎等具有明显的地方特色，是江淮群舒方国文化的一个缩影。

3-2-1-1　牺首铜鼎　春秋
高27.3、口径19.8、腹围70、腹深10.9、足高9.5厘米
1959年安徽省舒城县凤凰嘴出土
现藏寿县博物馆

3-2-1-2 交龙纹铜铉鼎 春秋中期

高25.5、口径20.5厘米

1959年安徽省舒城县凤凰嘴出土

现藏寿县博物馆

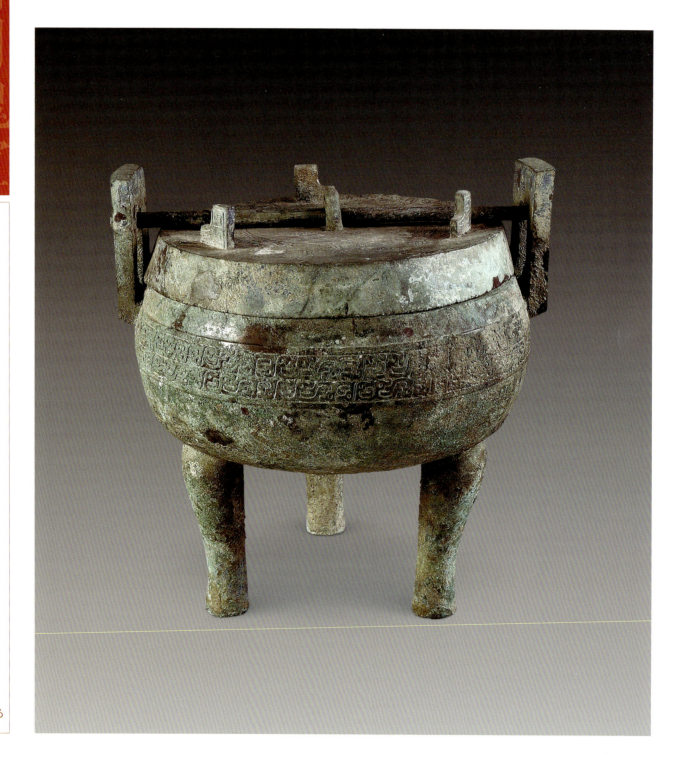

3-2-1-3　牺首铜鼎　春秋
通高28、口径21、最大腹径23厘米
1982年怀宁县金洪杨家牌出土
现藏怀宁县文物管理所

3-2-1-4　云纹铜鼎　春秋

通高27.7、口径29.5厘米

1982年怀宁县金洪杨家牌出土

现藏怀宁县文物管理所

3-2-1-5　曲柄铜盉　春秋
通高19、口径14.5、腹径15厘米
1982年怀宁县金洪杨家牌出土
现藏怀宁县文物管理所

3-2-1-6　曲柄铜盉　春秋
通高19.4、口径14厘米
1993年潜山县梅城镇黄岭春秋墓出土
现藏潜山市博物馆

3-2-1-7　铜提梁盉　春秋

通高24、口径21.6厘米

1993年潜山县梅城镇黄岭春秋墓出土

现藏潜山市博物馆

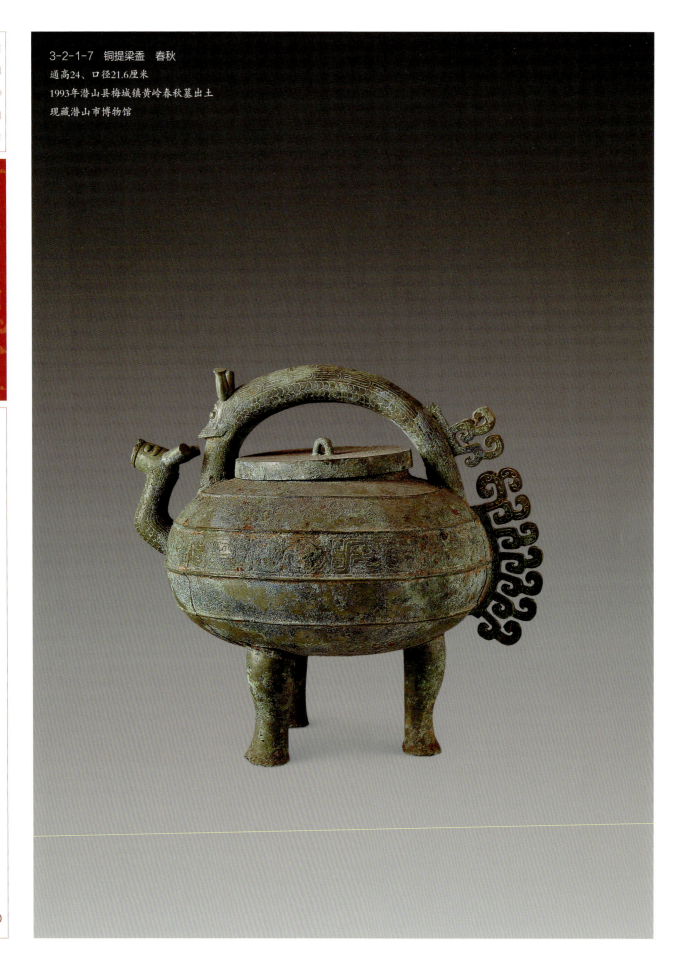

3-2-1-8 龙纹铜匜 春秋

通高31.4、长56厘米

1982年怀宁县金洪杨家牌出土

现藏怀宁县文物管理所

3-2-1-9　铜缶　春秋

通高24、口径17、最大腹径31.5厘米

1982年怀宁县金洪杨家牌出土

现藏怀宁县文物管理所

3-2-1-10　瓦纹铜簋　春秋

通高9.7、口径6.8厘米

1971年肥西县红卫公社柿树岗大

队小八里出土

现藏安徽省博物院

3-2-1-11　四环铜方簋　春秋

高6.2、口径8、腹深3.5、底径

6.2厘米

1971年肥西县红卫公社柿树岗大

队小八里出土

现藏安徽省博物院

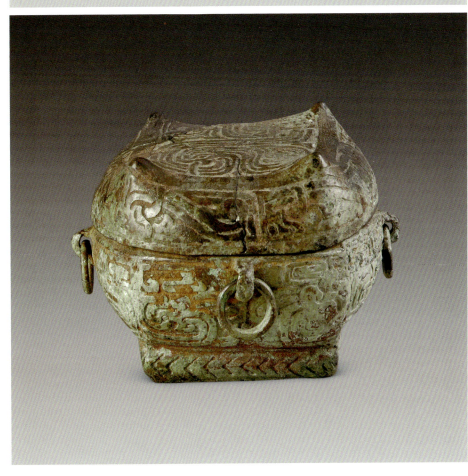

商周瑰宝

第二组 钟离国

一 蚌埠市双墩一号春秋墓

位于淮上区小蚌埠镇双墩村，2006年12月至2008年8月，安徽省文物考古研究所与蚌埠市博物馆组成考古队，对蚌埠市双墩1号墓进行了抢救性考古发掘。蚌埠双墩春秋一号墓葬主要由封土堆、墓道和圆形墓坑组成。封土堆呈馒头形，高9米，底径60米，墓口直径20.2米，墓坑深7.5米，墓底直径14米。墓坑有生土二层台，正东向有一条14级阶梯式短墓道，长6.3米，宽3.2米。在墓葬封土堆底部发现一层玉璧式白土垫层及黄、灰、黑、红、白等五色颗粒混合填土、放射线形状填土、土丘与土偶、土偶墙、十字型墓底埋葬布局等复杂现象。墓主位于墓底正中，为一棺一椁，经鉴定40岁左右，周围有10具殉人，年龄经鉴定多在20～30岁左右。该墓葬随葬品十分丰富，有铜器、彩绘陶器、石器、玉器、陶器、海贝饰件、金箔饰件等，计400多件，另有2000多件土偶。

铜器占大宗，有编钟、鼎、罍、簠、豆、盉、匜、盘、甗、勺、盒等以及工具、车马器、兵器等。该墓出土的随葬品具有春秋中晚期的特点。出土铜器上发现有"钟离君柏"的铭文，墓主应为钟离国国君。据有关文献记载，钟离，一作终黎，嬴姓，是春秋时期活动在淮河中游地区的一个重要方国，今安徽省凤阳县临淮关镇东五里有钟离国故城遗址。蚌埠双墩一号墓的发掘意义重大：首先，该墓形制独特，遗迹现象复杂，在我国墓葬考古史上罕见，是先秦考古的一个重大新发现。其次，有关钟离国的历史文献匮乏，该墓葬的发现揭开了钟离古国的神秘面纱，填补了有关钟离国历史和考古学文化的空白。其三，该墓葬独特而神秘的文化现象，内涵丰富，寓意深刻，对研究淮河中游地域文化以及考古学、历史学、民族学、宗教学、建筑学等多学科研究具有极其重要的学术价值。被评为2008年度全国十大考古新发现。

3-2-2-1 蚌埠双墩一号墓葬封土

$\dfrac{2}{\dfrac{3}{4}}$

3-2-2-2　二层台土偶墙

3-2-2-3　墓坑底部

3-2-2-4　椁内随葬品

3-2-2-5　钟离君铜编钟

最大：通高26.5、口长径8、口短径3.6厘米

最小：通高15.5、口长径9.6、口短径7.3厘米

现藏蚌埠市博物馆

商
周
瑰
宝

3-2-2-6　铜鼎
通高37.5、口径31厘米
现藏蚌埠市博物馆

3-2-2-7　铜豆
通高19.5、口径21厘米
现藏蚌埠市博物馆

3-2-2-9　钟离君铜簠

通高20.5厘米

现藏蚌埠市博物馆

$\dfrac{10}{11}$

3-2-2-10　铜车马器
现藏蚌埠市博物馆

3-2-2-11　铜兵器
现藏蚌埠市博物馆

商周瑰宝

12
13

3-2-2-12　铜箭镞
现藏蚌埠市博物馆

3-2-2-13　彩绘陶罐
左：高50、口径26、腹径41厘米
右：高38、口径21、腹径36厘米
现藏蚌埠市博物馆

14

15

3-2-2-14　土偶

高20～25、直径10～15厘米

现藏蚌埠市博物馆

3-2-2-15　玉器

现藏蚌埠市博物馆

二 凤阳临淮关镇春秋墓葬

1991年和2007年5月，在凤阳临淮关镇钟离国故城遗址附近大东关和小卞庄先后发现2座春秋墓葬。大东关春秋墓为兴修水利时发现，墓葬遭到破坏，形制不详，出土文物以铜器为主，有铜编镈、编钟及石编磬各一套，其他有铜鼎、豆、盉、车马器、兵器等。2007年，当地"浙玻工业园"在小卞庄平整土地发现1号墓，该墓形制比较特殊，墓坑上部遭到施工破坏，底部呈圆形，直径14米。墓主位于墓底正中，四周有4座殉人墓，有9具人骨架，原应有11具人骨。随葬品器物坑位于墓底一侧，以铜器为主，尚存有编镈、编钟各一套，计14件，其他有鼎、盘、豆、瓿、提梁盉、车马器、戈、矛、镞等铜器数十件。还出土有石编磬1套，以及陶罐、陶鬲。该墓出土的5件镈钟上发现有300多字铭文，多件器物上有"孙钟离公柏之"铭文。墓主身份可能是钟离国的上层显贵或国君。

3-2-2-16 凤阳小卞庄一号墓

商周瑰宝

17
——
18

第二单元　春秋方国

3-2-2-17　凤阳小卞庄一号墓

3-2-2-18　兽足盘形铜炉

通高9、口径26、底径20.2厘米

现藏凤阳县文物管理所

155

3-2-2-19　铜车軎辖

通高8、上口径5、下口径9.5厘米

现藏凤阳县文物管理所

3-2-2-20　铜戈

援内通长23.5厘米

现藏凤阳县文物管理所

3-2-2-21　铜镈钟

左一：通高30.5厘米，舞长径18.9、短径13.8厘米，口长径21、短径15.7厘米，厚0.6厘米

左二：通高28.8厘米，舞长径17、短径13厘米，口长径18.8、短径13.8厘米，厚0.5～0.7厘米

左三：通高27.2厘米，舞长径16、短径12.2厘米，口长径17.7、短径13.4厘米，厚0.7～0.9厘米

左四：通高26.2厘米，舞长径15.2、短径11.5厘米，口长径16.3、短径12.4厘米，厚0.4～0.5厘米

左五：通高23.9厘米，舞长径14.2、短径10.5厘米，口长径15、短径11.4厘米，厚0.5～0.7厘米

现藏凤阳县文物管理所

3-2-2-22 铜钮钟

左一：通高19.4厘米，舞长径12、短径8厘米，口长径13.4、短径9.6厘米，厚0.4~0.8厘米

左二：通高18.5厘米，舞长径11.2、短径7.6厘米，口长径12.8、短径9.4厘米，厚0.5~0.7厘米

左三：通高17厘米，舞长径10.4、短径7.1厘米，口长径12、短径9厘米，厚0.4~0.9厘米

左四：通高16.1厘米，舞长径10、短径6.6厘米，口长径11.4、短径8厘米，厚0.5~0.9厘米

左五：通高15.4厘米，舞长径9.6、短径6.3厘米，口长径10.5、短径7.3厘米，厚0.5厘米

左六：通高14.2厘米，舞长径7.6、短径5厘米，口长径9.9、短径7.2厘米，厚0.6厘米

左七：通高13.2厘米，舞长径7.6、短径5厘米，口长径9、短径6.5厘米，厚0.8~1.1厘米

左八：通高11.9厘米，舞长径7、短径5厘米，口长径8.2、短径6.4厘米，厚0.8~1厘米

左九：通高10.6厘米，舞长径7、短径5厘米，口长径8、短径6厘米，厚0.9~1.4厘米

现藏凤阳县文物管理所

第三组　蔡国

蔡国是西周至战国初期的重要诸侯国。春秋时期蔡为吴之盟国，后受楚之威压，于公元前493年由上蔡迁都州来（今凤台，一说今寿县），公元前447年灭于楚。建国以来，在寿县西门和淮南蔡家岗先后发掘两处蔡侯墓，出土大批青铜器。此外，在今寿县西南的西圈发现有战国早期的蔡国墓地，出土过"蔡叔□□之行"戈、越王者旨于赐剑、车马器等；在寿县城南还出土过2件春秋晚期的铜方壶。这些考古资料表明，蔡迁州来之地当在今寿县附近。

寿县蔡侯墓　1955年5月在寿县城西门内工程建设中发现，墓葬为长方形竖穴土坑墓，出土文物有镈钟、钮钟、甬钟3套，以及各类鼎、尊、方鉴、圆鉴、簋、豆、盏、盥缶等铜器486件，其他有玉器51件、金饰12件、骨器28件以及残漆器和砺石等。其中有铭文的铜器约60余件，大多铭"蔡侯□"，并有"吴王光鉴"。据考证，多数意见认为墓主属于蔡昭侯申（公元前518年～前491年）。该墓出土的铜器群数量多，种类丰富，制作水平高。铜器的装饰花纹精细繁缛，遍施器身，每以动物和莲瓣作为附饰，非常灵动，有的还镶嵌红铜。铭文为鸟篆体，排列整齐对称，且富有装饰艺术性。总体上看，该墓青铜器风格新颖，表现出多种文化因素，但楚文化色彩强烈，时代特征明显，是春秋晚期的标准铜器。寿县蔡侯墓是上世纪50年代中国重要考古发现之一，所出铜器既是精美的工艺品，又是研究春秋晚期楚、吴、蔡三国关系史和文字书体发展的珍贵资料。

淮南蔡侯墓　1959年12月在淮南蔡家岗赵孤堆发掘2座战国早期墓。墓葬为甲字型竖穴土坑墓，带有斜坡墓道。其中，2号墓墓主为蔡声侯产（公元前471～前457年）。两墓早年均被盗掘，但还出土有镬、剑、戈、镞、镦、刀、锯和车马饰件等75件。其中最重要的有错金丝鸟篆文的"蔡侯产"剑3件、"越王者旨于赐"剑2件、铸文63字的"昭侯"戈1件、铸文36字的"吴王诸樊"剑和10字的"吴王夫差"戈各1件。该墓发现有较多的吴、越国铸铭兵器，是春秋战国之交蔡与吴、越联盟的明证，对研究蔡、吴、越及楚四国的关系提供了重要的实物资料。

$\frac{1}{2}$

3-2-3-1　蔡侯铜鼎　春秋
高48.5、口径35.5、腹围112、腹深26.5、耳高15、足高26厘米
1955年寿县城西门蔡侯墓出土
现藏安徽省博物院

3-2-3-2　蔡侯铜簠　春秋
高24.1、口24.4~31、腹深6.5、足22.5~26.7、足高4厘米
1955年寿县城西门蔡侯墓出土
现藏安徽省博物院

3-2-3-3　蔡侯铜簠　春秋

高36.5、口径23.5、腹围70.4、腹深11.5、座足23~24厘米

1955年寿县城西门蔡侯墓出土

现藏安徽省博物院

3-2-3-4　蔡侯铜匜　春秋
高13.5、口11~19、腹围56.5、底10~14厘米
1955年寿县城西门蔡侯墓出土
现藏安徽省博物院

3-2-3-5　蔡侯铜尊　春秋
高28、口径23.5、腹围54、腹深20、足径15.5厘米
1955年寿县城西门蔡侯墓出土
现藏安徽省博物院

3-2-3-6 蔡侯铜镈钟 春秋

高30、纽高9、舞修16.5、舞广13.3、铣间19.2、鼓间16.5厘米

1955年寿县城西门蔡侯墓出土

现藏安徽省博物院

3-2-3-7　蔡侯铜钮钟　春秋

高28、舞修15.1、舞广11.1、铣间17.5、鼓间12.5厘米

1955年寿县城西门蔡侯墓出土

现藏安徽省博物院

3-2-3-7　蔡侯铜钮钟　春秋

3-2-3-8　蔡侯铜钛　春秋

高32厘米

1955年寿县城西门蔡侯墓出土

现藏安徽省博物院

3-2-3-9　蔡侯铜敦　春秋

高33、口径22、腹深11.5、足高11厘米

1955年寿县城西门蔡侯墓出土

现藏安徽省博物院

3-2-3-10　蔡侯铜盥缶　春秋

高36、口径21、腹围115、底径22厘米

1955年寿县城西门蔡侯墓出土

现藏安徽省博物院

3-2-3-11　蔡侯铜方壶　春秋

高80、口径18.2～18.7、底径27～27.5、腹径33、腹深51.4、足高13厘米

1955年寿县城西门蔡侯墓出土

现藏安徽省博物院

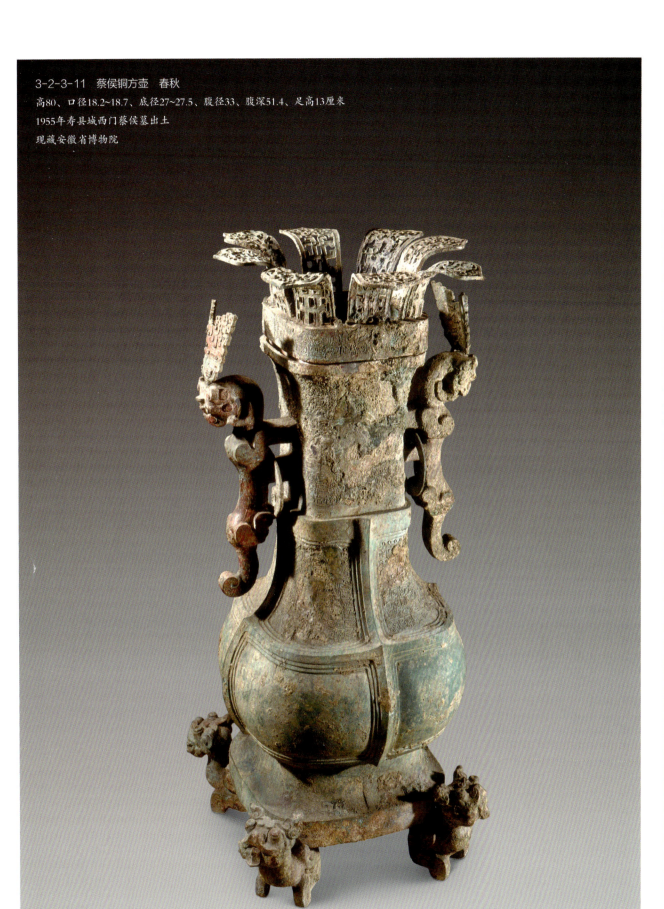

第四组　吴越

自1959年屯溪弈棋土墩墓出土成组青铜器以来，皖南地区陆续出土了大量的周代青铜器，主要地点有：贵池徽家冲、青阳庙前、铜陵西湖和谢垅、繁昌的汤家山和孙村、南陵的三里和戴镇、宣城的孙埠等。据初步统计，总数已达500余件，多数器物年代为西周至春秋时期。这些青铜器的种类繁多，地方特色鲜明，对研究吴越地区文化提供了丰富的资料，同时对构建长江流域青铜文化体系乃至研究整个中国古代文明的形成与发展都有着极为重要的作用。

一　屯溪区周代土墩墓

1959年至1974年，在屯溪飞机场扩建工程中发掘8座西周至春秋时期的土墩墓。这些墓葬均为一墩一墓，有的有卵石砌筑的棺床。出土青铜器有尊、卣、盘、盉、鼎、戈、矛、剑及"五柱形乐器"等，并伴有尊、豆、盉、碗、罐等原始青瓷和几何形印纹硬陶器皿300多件。所出铜器、原始青瓷和几何印纹硬陶，具有浓厚的南方文化特点。很多铜器上的纹饰，显著地采自当地几何印纹陶的编织纹样，也有少数与中原地区同期铜器饕餮纹相一致。这批青铜器在形制、纹饰和构图风格上，与其他地区同期青铜器相比较，既有共性，又有明显的地方特点，在南方地区比较罕见，反映了当时皖南地区青铜技术的发达。发现的原始瓷器形制多样，造型新奇，经化学成分分析具有南方青釉陶瓷的特征，为解决原始瓷器的来源提供了重要线索。屯溪地处先秦越族居住地区，这批墓葬的发掘，对研究这一地区越族的历史文化有重要价值。

凤纹卣器盖内顶、器内底铭文

3-2-4-1　蟠虺纹铜卣　西周
高34、口径12.5~15.6厘米
1959年屯溪弈棋公社M1出土
现藏安徽省博物院

3-2-4-2　凤纹铜卣　西周
高23、口径10.2~12.8、底径12~15厘米
1965年屯溪弈棋公社M3出土
现藏安徽省博物院

3-2-4-3　龙纹镂云铜盘　西周

高9.5、通宽35、口径32、腹径29.2、腹深5.3、底径19.7、足高4厘米

1965年屯溪弈棋公社M3出土

现藏安徽省博物院

3-2-4-4　夔纹铜盘　西周

高9.3、口径31.5、腹围98、腹深6.9、足径24.5厘米

1959年屯溪弈棋公社M1出土

现藏安徽省博物院

5
6

3-2-4-5　几何变形兽纹铜簋　西周
高18.8、口径27.2、腹围110、腹深16.5、底径25.6厘米
1965年屯溪弈棋公社M3出土
现藏安徽省博物院

3-2-4-6　几何纹铜簋　西周
高18.7、口径24、腹围95、腹深14.9、底径23.5厘米
1965年屯溪弈棋公社M3出土
现藏安徽省博物院

3-2-4-7　夔纹铜盉　西周

高13.6、口至鋬长17、流长6.5厘米

1965年屯溪弈棋公社M3出土

现藏安徽省博物院

3-2-4-8　编织纹铜方鉴　西周

高11、口径13.6、腹径14.7、腹深8.6、底径12.2厘米

1965年屯溪弈棋公社M3出土

现藏安徽省博物院

二　青阳县十字铺土墩墓

1979年7月，在青阳庙前乡新桥村汪村发现一批西周晚期青铜器，经勘查属一墓葬出土。计有鼎、甗、尊、盘、编钟、戈、矛等12件。这批铜器色泽湛蓝，多饰窃曲纹、夔纹，特别是双龙耳尊、羊尊，造型新颖，具有地方特色。

3-2-4-9　牺首铜尊　春秋
高25、身长28.7、腹深9.8、足高6.1厘米
现藏安徽省博物院

$\dfrac{10}{11}$

3-2-4-10　窃曲纹铜鼎　春秋
高19.5、口径16.5、腹围77、腹深9、足高6.2厘米
现藏安徽省博物院

3-2-4-11　窃曲纹罐形铜鼎　春秋
高25、口径18.5、腹围83、腹深15.8、足高9.4厘米
现藏安徽省博物院

安徽重要考古成果展

建国 60 周年

商周瑰宝

第二单元 春秋方国

3-2-4-12 龙耳瓦纹铜尊 春秋
高28.2、口径27.5、腹深20.2、足径23、足高5.2厘米
现藏安徽省博物院

3-2-4-13 龙纹铜盘 春秋
通高11.8、口径33.6、腹深5.8厘米
现藏安徽省博物院

三　繁昌县汤家山土墩墓

1978年，繁昌县城东郊汤家山一土墩墓发现13件青铜器，器物出土在长约3、宽约2.4、深0.5米的坑内台阶上，成南北向两行排列。1982年，在该处又清理4件青铜饰件和一些残陶器。这批铜器有圆鼎、小方鼎、小口鼎、瓿、龙纽盖盉、龙纹盘、蟠螭纹簋、甬钟、鸟形饰、牌饰等。该墓时代为春秋早期，出现浅墓坑和二层台比较特殊。出土的小方鼎、蟠螭纹簋，鸟形饰等比较少见，具有吴越文化的特点。

3-2-4-14　窃曲纹铜鼎　春秋
通高25.2、口径27、腹深11.5厘米
现藏繁昌县博物馆

15
—
16

3-2-4-15　铜方鼎　西周

通高16.8、口长41.6、口宽12.4、腹深7.8厘米

现藏繁昌县博物馆

3-2-4-16　小口铜鼎　春秋

通高36.9、口径17.8、腹深20.4厘米

现藏繁昌县博物馆

3-2-4-17　斜角云纹连体铜甗　西周

通高46、口径28.7厘米

现藏繁昌县博物馆

3-2-4-18　龙纽铜盖盉　春秋

通高36.9、口径17.8厘米

现藏繁昌县博物馆

3-2-4-19　龙纹铜盘　春秋

通高18、口径41.6厘米

现藏繁昌县博物馆

四　零星出土的青铜器

皖南及沿江地区还零星出土了一些青铜器，这些青铜器大多出自土墩墓，也有出自窖藏。如比较重要的有南陵的龙耳尊、吴王光剑，安庆、寿县等地发现的越王剑等，甚为珍贵。在皖南沿江地区出土的青铜器也引人注目，如甗形盉、鼎、盘、匜、钟等，既有皖南吴越文化的特点，也有江淮群舒文化和中原文化的因素，反映出两地间文化的交流与融合关系。

3-2-4-21　龙耳铜尊　春秋

通高33.6、口径27.5、肩径28.4、腹深20.8厘米

1988年南陵县绿岭乡团结村出土

现藏南陵县文物管理所

3-2-4-22 吴王光铜剑 春秋

残长约43.4厘米

1972年南陵县三里乡茶林村出土

现藏南陵县文物管理所

3-2-4-23　越王亓北古铜剑　战国
通长64厘米
1987年安庆市第二自来水厂工地出土
现藏安庆市博物馆

商周瑰宝

3-2-4-24　越王者旨于赐铜剑　战国

通长54.5、宽3.5～4.6厘米

寿县西圈墓地三号墓出土

现藏寿县博物馆

商周瑰宝

25
26
27

3-2-4-25　铜耨　春秋
通高12.7、宽16.2厘米
1977年8月贵池市徽家冲出土
现藏安徽省博物院

3-2-4-26　铜铲　春秋
通长9.8、上宽3、下宽4厘米
1977年8月贵池市徽家冲出土
现藏安徽省博物院

3-2-4-27　铜铚　春秋
通长8.6、宽3.8厘米
1977年8月贵池市徽家冲出土
现藏安徽省博物院

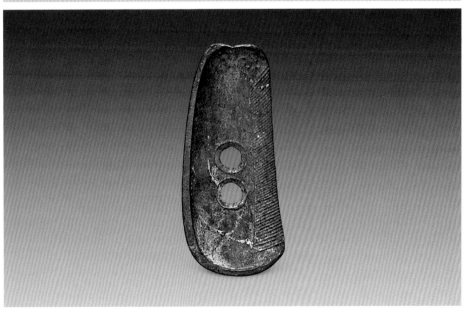

第三单元

楚国

春秋早期楚国势力开始进入安徽，先后与吴越诸国争霸江淮。战国时期，楚国"带甲百万，车千乘，骑万匹"，成为势力强大、版图空前的大国。公元前333年，楚灭越国，安徽全境属楚地。公元前241年楚迁都寿春（今寿县），名曰郢，寿春成为楚国最后的国都。建国以来，安徽地区考古发现的战国时期的各种遗迹和遗物大多显示出楚文化的风格，重要的考古发现有寿春城遗址、长丰杨公战国晚期楚国贵族墓以及各地发现的战国楚墓。

第一组　寿县寿春城址

1983～1989年，为寻找楚国晚期都城寿春地望，在寿县城郊运用遥感技术，结合考古铲探、试掘等手段，进行探索，确定了寿春城位于今寿县县城及其东南郊，重要遗迹有手工业作坊区、生活区、宫殿建筑区、墓葬区等，还有分布密集的陶管井，以及纵横有序的水道。在城东柏家台一带发现贵族府第区，1985年曾发现大型建筑台基。经钻探，台基呈曲尺形，东西长210、南北宽130米，推测为一组建筑群。在台基西部发掘1座建筑基址，揭露面积680平方米。基址面阔53.5、进深约42米。台基外围有两排石础，础间距5.55米，推测基址建筑面阔11间。石础内侧有槽形空心砖和长方形素面铺地砖。基址上有大量的瓦当、筒瓦和板瓦。瓦当有圆形，也有少数半瓦当。纹饰有凤鸟纹、树云纹、四叶纹和云纹等。城中部邱家花园和周家油坊一带可能为宫城，曾出土过大府错银铜牛、鄂君启错金铜节、春秋铜壶等重器。1979年和1986年，在寿县城南花园村门朝西、周寨村周家油坊、东津村严圩共出土3批楚金币，并伴出金叶残片、金粒、牙状和发丝状金质，总计达18637克。金币中有卢金、郢爰、无印金钣、饼金等，可能为当时的府库之物。其中卢金、郢爰呈龟壳状，上有"卢金"、"郢爰"小方格戳印，一般每块重约250～266克，无印金钣一般重309.2～437.21克，有三角形、半圆形、楔形等不规则形状，金钣表面凸凹不平，估计为铸造时的废品。这些金币有的完整，有的有切剖痕迹，是研究楚国黄金称量货币制度的重要实物资料。此外，在城西的西圈、城北泥水北岸至八公山南麓、东津渡等一带发现有春秋至战国的墓葬区，出土过蔡国铜器、越王者旨剑以及楚式铜器和陶器。寿春城的发现，对研究楚蔡关系、楚国晚期历史以及战国都城建设格局等有着重要的价值。2001年被国务院公布为第五批全国重点文物保护单位。

1
—
2

3-3-1-1　寿春城遗址

3-3-1-2　大型建筑基址

3-3-1-3　鄂君启错金铜节

车节长29.6、宽7.1、厚0.6厘米

舟节长31、宽7.2、厚0.7厘米

现藏安徽省博物院

3-3-1-5　"蔡図尹启之用"铜戈

通长26.8厘米

现藏安徽省文物考古研究所

3-3-1-6　空心槽型砖
现藏安徽省文物考古研究所

3-3-1-7　三角云纹瓦当
现藏安徽省文物考古研究所

3-3-1-8　陶水管
现藏安徽省文物考古研究所

3-3-1-9　陶鼎
现藏安徽省文物考古研究所

第二组　各地楚墓出土文物精品

楚墓在安徽境内各地均有发现，尤其在江淮地区西部的寿县、六安、舒城、潜山、枞阳等地发现较多。1991年六安九里沟发现的春秋中期墓十分重要，出土青铜鼎、盏、缶等，它为楚式铜器的形成及楚文化东渐江淮的起始时间等研究提供了重要线索。1979年至1981年在长丰县杨公发掘战国晚期楚墓10多座，墓葬均为长方形竖穴土坑墓，墓口以下有4～5个阶梯，大部为斜坡式墓道，墓道两侧摆列有铜矛和漆盾。棺椁有一椁双棺和重椁重棺，采用凸凹榫和边榫结构，棺外涂黑漆，内髹红漆，棺外有3道绳索捆缚，内垫有几何形雕花笭床。这批墓葬大都被盗，仍出土各类遗物240多件。除出土成组的仿铜陶礼器外，比较重要的是玉器，有佩、璜、饰、璧、管、环、圭等，其中龙形玉璜、玉佩，首尾相顾，造型新颖生动，做工精细，为同期罕见珍品，反映了战国晚期楚国制玉工艺的精湛技艺。杨公楚墓的发掘，为研究战国晚期楚国贵族埋葬制度，及楚国制玉工艺有着重要意义。

20世纪80年代后期至21世纪以来，在江淮区的舒城、枞阳、潜山、六安、霍山、寿县、淮南、亳州等地，陆续发现一大批春秋晚期至战国时期的中小型楚墓。在六安的城西、城北窑厂（1992年）、九里沟（2002年）、城东开发区，潜山城西的彰法山、姚冲（2003年）、公山岗（1998年）、林新（2006年）以及舒城秦家桥（1992年）、枞阳旗山（2005年）、淮南蔡郢子和北洼（2005年）等地发现的战国楚墓比较集中，一般有几十座乃至数百座，属于大中型墓群。出土文物主要有陶器、铜器、玉器、漆木器等，陶器基本组合有鬲、鼎、豆、壶、钫、盒等，多为仿铜陶礼器。安徽境内楚墓具有数量多、年代跨度长、出土遗物丰富的特点，对研究江淮地区楚墓的特点和分期及楚文化东渐等问题有着重要的价值。

3-3-2-1　玉珩　战国
长13.3、宽3.7、厚0.35厘米
1979年长丰县杨公战国墓出土
现藏安徽省文物考古研究所

3-3-2-2　龙形玉佩　战国
长14.55、宽5.3、厚0.4～0.5厘米
1979年长丰县杨公战国墓出土
现藏长丰县文物管理所

3-3-2-3　龙凤玉佩　战国
长20.9、宽12、厚0.10～0.95厘米
1979年长丰县杨公战国墓出土
现藏安徽省文物考古研究所

3-3-2-4 玉璧 战国
直径13.94、孔径4.82、厚0.3厘米
1979年长丰县杨公战国墓出土
现藏安徽省文物考古研究所

3-3-2-5 玉璧 战国
直径14、孔径4.7、厚0.6厘米
1979年长丰县杨公战国墓出土
现藏安徽省文物考古研究所

6
—
7

3-3-2-6　铜戈　战国
援内通长27.6厘米
1977年长丰县杨公战国墓出土
现藏安徽省文物考古研究所

3-3-2-7　铜镦　战国
左：长21.6厘米
中：长18.7厘米
右：长18.5厘米
1977年长丰县杨公战国墓出土
现藏安徽省文物考古研究所

3-3-2-8 错银龙凤纹铜軎辖 战国
軎长11.7、外端圆径3.9～4.2、内端圆
径6.3～6.4、辖长7厘米
1977年长丰县杨公战国墓出土
现藏长丰县文物管理所

3-3-2-9 蟠螭纹铜鼎 战国
2004年六安市城西窑厂战国墓出土
现藏六安市文物局

3-3-2-10　蟠螭纹铜盉　战国

高18.3、口径7.2、腹径14.3厘米

2004年六安市城西窑厂战国墓出土

现藏六安市文物局

3-3-2-11　四山纹铜镜　战国
直径11.8厘米
2007年六安经济开发区战国墓出土
现藏安徽省文物考古研究所

3-3-2-12　蟠螭纹铜镜　战国
直径14.4厘米
2007年六安经济开发区战国墓出土
现藏安徽省文物考古研究所

商周瑰宝

13
—
14

3-3-2-13　四叶纹铜镜　战国
直径12.5厘米
2007年六安经济开发区战国墓出土
现藏安徽省文物考古研究所

3-3-2-14　四龙纹铜镜　战国
直径15.6厘米
2007年六安经济开发区战国墓出土
现藏安徽省文物考古研究所

3-3-2-15 潜山林新45号战国墓

3-3-2-16 潜山林新45号战国墓

$$\frac{17}{18}$$

3-3-2-17　铜戟　战国
通长41、通宽30厘米
2006年潜山县梅城镇万岭村林新战国墓出土
现藏安徽省文物考古研究所

3-3-2-18　铜矛　战国
通长33厘米
2006年潜山县梅城镇万岭村林新战国墓出土
现藏安徽省文物考古研究所

$\dfrac{19}{20}$

3-3-2-19　铜戈　战国
援内通长32厘米
2006年潜山县梅城镇万岭村林新战国墓出土
现藏安徽省文物考古研究所

3-3-2-20　铜铎　战国
通高35厘米
2006年潜山县梅城镇万岭村林新战国墓出土
现藏安徽省文物考古研究所

21
——
22

3-3-2-21　枞阳旗山战国楚墓群

3-3-2-22　铜戈　战国
援内通长26厘米
2006年枞阳县枞阳镇旗山战国墓出土
现藏安徽省文物考古研究所

荷盲魂宝

23 | 24

3-3-2-23　铜矛　战国
通长25厘米
2006年枞阳县枞阳镇旗山战国墓出土
现藏安徽省文物考古研究所

3-3-2-24　铜剑　战国
通长60厘米
2006年枞阳县枞阳镇旗山战国墓出土
现藏安徽省文物考古研究所

3-3-2-25　铜勾鑃　战国

体高15.6、柄长11.2、舞横7.1、舞纵9.2、铣间10.6、鼓间8.2、壁厚0.6厘米

2006年枞阳县枞阳镇旗山战国墓出土

现藏安徽省文物考古研究所

第四单元
皖南青铜矿冶遗址

1984年以来，在全国第二次文物普查中，于南陵、铜陵等地发现一批铜矿遗址，国家和省市文物部门十分重视。1986～1992年，在国家文物局的支持下，我省考古工作者在皖南地区通过考古调查和发掘，发现古代铜矿遗址120余处，出土大批重要的采冶铜矿遗迹、遗物和生活器皿。这些古代铜矿遗址主要分布在沿江附近的贵池、青阳、铜陵、南陵、泾县、繁昌以及江北的枞阳、庐江等地，时代上至商末周初下至唐宋时期。

其中先秦时期遗址20余处，包括采矿和冶炼遗址。经过发掘的炼铜遗址有铜陵木鱼山和南陵的江木冲、刘家井、西边冲等4处。发现的炼铜炉有10余座，大都残毁，仅存风沟，恐与毁炉取铜有关。炼铜炉为竖炉，系用黄土或网纹红土构筑，有圆形和椭圆形两种，结构相同，由炉身、炉缸、炉基构成，炉壁厚20～25厘米。圆形炉内壁直径0.8米，椭圆形炉内壁长径1.20、短径0.70米。据倒塌的炉壁分析，其炉高出地面约1.5米左右。炉基旁有放渣坑，有的还有用碎渣铺设的工作台面。在江木冲、西边冲还发现残房基，推测与炼铜工棚有关。出土遗物以生活器皿为主，有陶器、原始瓷和印纹陶三大类，种类有鼎、鬲、豆、钵、罐、盅、杯等。其他有石锛、石镞、石球、石砧、菱形铜块、青铜锛等，此外还发现有铅块、石范等，推测当时的炼铜遗址内还利用冶铜的便利条件，从事一些生产工具的铸造。先秦炼铜遗址有2个碳十四年代测定数据，以铜陵木鱼山的年代最早，距今2885±55年，树轮校正年代为3015年，相当于商末周初。南陵江木冲炉4为距今2755±115年，树轮校正年代为2815±115年，属于西周晚期。采矿遗址在铜陵金牛洞发现一处，年代为战国至汉代。在古采场内发现有竖井、斜井、巷道等，巷道用木头方框支护，立柱呈丫形，顶棚铺木板，两边有木棍护帮。据井巷结构分析，当时已出现水平分层方框支柱充填开采技术。采矿工具有铜锛、铜凿、铁斧、铁锄、石球、葫芦形平衡石、木铲、竹筐、木桶等。生活用具有陶罐、陶碗、木耳杯等。比较重要是在南陵江木冲、铜陵木鱼山、凤凰山发现一批菱形铜锭，经检测含有硫，属于冰铜锭，表明当时已掌握了采冶硫化铜矿的技术，这大大提前了中国冶炼硫化铜矿的历史。

皖南古铜矿位于长江中下游铜铁矿带的中部，铜矿资源蕴藏量十分丰富，自古就是铜产地。考古资料表明，这一地区至少从西周时期起就进行了大规模的铜矿采冶活动，并经历了东周、汉代、六朝、唐宋等历史时期，延续时间长达2000年，是冶金史上的奇迹。皖南及江淮南部先秦属南淮夷、吴越，秦为鄣郡，汉为丹阳郡，它的发现与金文、文献中记载的南金、吴越之金锡、章山之铜、丹阳铜、古陵阳之金等铜产地密切相关。它的开发，对促进和发展吴越地区青铜文化乃至中原地区青铜文化有着重要的历史作用。这些铜矿遗址的发现，也可与金文中有关周王朝征伐淮夷、南淮夷并"掠金"、"俘吉金"等记载相吻合，表明当时战争的目的主要是打通"金道锡行"，掠夺铜资源。皖南古铜矿的发现，对探讨中国先秦时期的铜产地及中原青铜原料来源、冶金史等问题具有重要的学术价值。国家文物局对这一发现曾给予高度评价，称"皖南古铜矿遗址点多面广，历史悠久，保存较好，又有丰富的史料相佐，是目前我国较为罕见的古代铜矿遗址，在世界青铜冶炼史上也占有十分重要的地位"。1996年国务院公布为第四批全国重点文物保护单位。

$\frac{1}{2}$

3-4-1 皖江地区先秦古铜矿遗址分布图

3-4-2 铜陵市木鱼山商周炼铜遗址

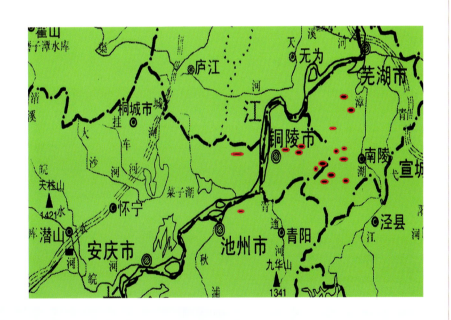

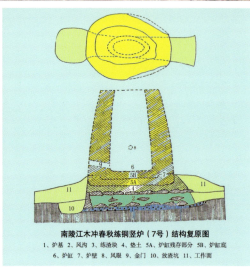

南陵江木冲春秋练铜竖炉（7号）结构复原图
1、炉基 2、风沟 3、练渣块 4、垫土 5A、炉缸残存部分 5B、炉缸底
6、炉缸 7、炉壁 8、风眼 9、金门 10、放渣坑 11、工作面

$\dfrac{3}{4}\Big|5$

3-4-3　铜陵市金牛洞采矿遗址

3-4-4　南陵江木冲春秋炼铜炉4炉基(1989年)

3-4-5　南陵江木冲春秋炼铜竖炉7结构复原图

3-4-6　炼渣　周代
重41公斤
1985年南陵江木冲遗址出土
现藏南陵县文物管理所

3-4-7　炼铜炉壁残块
1988年铜陵市木鱼山遗址出土
现藏铜陵市博物馆

3-4-8　冰铜锭
长50、最宽12、厚0.6厘米
1974年铜陵市木鱼山遗址出土
现藏铜陵市博物馆

3-4-9　提升工具平衡石
1989年南陵县塌里木遗址出土
现藏南陵县文物管理所

3-4-10　石范　春秋

长15、宽12.5、厚5.5厘米

1987年铜陵凤凰山冶炼遗址出土

现藏铜陵市博物馆

3-4-11　石范　春秋

长20.5、宽9.5、厚5.5厘米

1987年铜陵木鱼山冶炼遗址出土

现藏铜陵市博物馆

12
―――
13
―――
14
―――
15

3-4-12　铜锛
长9.8、宽4.1厘米
1987年铜陵金牛洞古采矿遗址出土
现藏铜陵市博物馆

3-4-13　铜锸
长8.5、刃宽7.5厘米
1988年铜陵市木鱼山遗址出土
现藏铜陵市博物馆

3-4-14　铜斧
长6.5、刃宽4.3、厚1.7厘米
1997年铜陵县顺安工业园工地出土
现藏铜陵市博物馆

3-4-15　铜凿
残长15、最大径5厘米
1987年铜陵金牛洞古采矿遗址出土
现藏铜陵市博物馆

建国 60 周年安徽重要考古成果展

专辑图录（下）

安 徽 省 文 物 局
安徽省文物考古研究所　编著

文物出版社

汉晋时期是中国统一集权王朝的兴起与重要发展时期，分封诸侯，巩固统治，学派思想纷呈，创立了辉煌繁盛的汉晋文化。在安徽这块风云际会的土地上，曾孕育了汉王朝的建立与兴起，发生过秦末农民大起义、垓下之战、淮南王谋反等许多重大历史事件；三国鼎立，曹氏集团崛起，吴魏纷争，尽显豪雄风流；两晋南北朝更迭，豪族南迁，加速了南北方文化的融合。沧桑的历史，遗留有大量的汉晋文化遗存，凸显了汉晋文化的丰厚底蕴和雄浑风格。这一时期的重要考古发现主要有：两汉时期的六安王陵、汝阴侯夏侯灶夫妇墓、天长和巢湖放王岗汉墓群、曹氏宗族墓等；三国时期有马鞍山东吴朱然墓、合肥三国新城等，是反映这段历史的重要遗存；两晋时期各地发现有众多的达官显贵墓葬，出土了以青瓷器为代表的一大批文物。这些考古发现成果，成为研究这一时期政治、经济、文化的十分难得的实物资料。

第四部分　汉晋风流

第一单元 六安双墩汉墓与西汉六安国王陵区

六安双墩墓地位于六安市金安区三十铺镇双墩行政村境内，因分布有几处南北并列双冢墓而得名。2006年配合合武铁路安徽段建设，对位于线路上的双墩一号汉墓进行了抢救性考古发掘。

一号汉墓为土坑竖穴墓，墓冢封土高10、底径55米，墓底距墓口深10米。平面呈"中"字形，墓向东，由前后墓道、墓室、外藏椁组成，全长45米。墓室形制为"黄肠题凑"木结构，长9.1、宽7米，保存完整。南、西、北三面用长0.92、宽0.25、厚0.23米计922根方木堆垒而成，木心向内，合缝严实，墙体坚固，东端为对开式墓门。题凑上铺设四层方木料作盖板，计143根，总厚1米，底部亦有四层方木料铺底。题凑与外椁之间为回廊，在题凑南、西、北三面的内壁上均有对称的上、下两层凹卯窝，在西北角存有一座回廊门框，推测当时的回廊内曾用小方木棍分隔成若干个小室。椁室为重椁重棺。外椁为木椁，内椁为石椁，东端均对开一门。在石椁盖板上，放置有铜戈、铁戟计5件，木柲和铜镦都保存完整，木柲的两端绘有红色线条，此外还有弩机、木弓、竹弓和弓弦。棺均为长方形，髹漆外黑内朱。其中

内棺长2.32、宽0.95、高0.95米，棺外两侧有红色云朵纹彩绘，棺外盖及四周装饰排列整齐的鎏金铜质柿蒂形和菱形镶件，棺盖的四角及中间两侧各放置一面镜面朝上的铜镜，整个内棺外表显得华丽精致。外藏椁用方木料建构，围绕题凑一周呈"凹"字形，椁内贯通，高1.4、宽1.6米。根据盖板木料放置的朝向和内立柱的排列规律，内可分为15个室，东、南、北各是4个室，西3个室，每个室大小不等。外藏椁未被盗，保存完好，随葬品有铜壶、陶壶，以及大量的车、马、人俑等模型木器。该墓木结构复杂，椁棺板及门板普遍采用"Z"字形、燕尾形、凸凹、边搭等榫卯咬合，有的还用"S"形铁件固定，外藏椁使用穿榫和半榫等连接立柱、横梁，非常坚实。经鉴定，题凑木材质为大别山区特产的栎木和楮木。在一号墓葬周围还清理了3座陪葬墓、1座车马坑和2座陪葬坑。一号汉墓主墓室和车马坑虽在唐代被盗，仍出土漆木器、铜器、玉器、金箔、银箔、兵器、车马器、封泥等随葬品500余件，以及大量的植物种子、果实等。

据《史记》等记载，六安西汉时为六安国封地。

武帝元狩二年（公元前121年），封胶东康王少子庆为六安王（共王），历夷王禄、缪王定、顷王光、育，共五代，王莽时绝，历时130多年。一号墓出土有"六安飤丞"的封泥和铸有"共府"铭文的铜壶，与六安国有关历史记载吻合，墓主疑为共王刘庆，二号墓为王后墓。经调查，在双墩汉墓周围约4平方千米的范围内，现存有大小墓葬30多座，其中包括双墩在内的南北并列巨型双冢墓计有4处，这些墓葬封土保存完好，俗称"八大墩"。以双墩为中心的古墓群大致属于西汉六安国王陵区，其他3处并列双冢墓应是六安国另外三代王的王陵。

双墩一号汉墓的发掘和六安国王陵区的发现，揭开了西汉六安国的神秘面纱，对研究六安国历史、汉代诸侯王陵制度和当时的社会状况，具有十分重要的意义，被评为2006年全国十大考古发现。2007年安徽省人民政府公布其为全省重点文物保护单位。

1
2

4-1-1 六安王刘庆及其王后封土堆墓冢

4-1-2 六安双墩一号汉墓

4-1-3　黄肠题凑墓室木结构

4-1-4　内棺

高95、长232、宽95厘米

4-1-5 外藏椁随葬铜壶、木车马

4-1-6 "共府第十"铜壶
高43.6、口径17.2、腹径35、底径20.8厘米
现藏安徽省文物考古研究所

4-1-7 "沈氏容十升重卅十斤第二"铜壶

高46.6、口径18、腹径35、底径21.4厘米

现藏安徽省文物考古研究所

"沈氏容十升重卅十斤第二"铜壶铭文

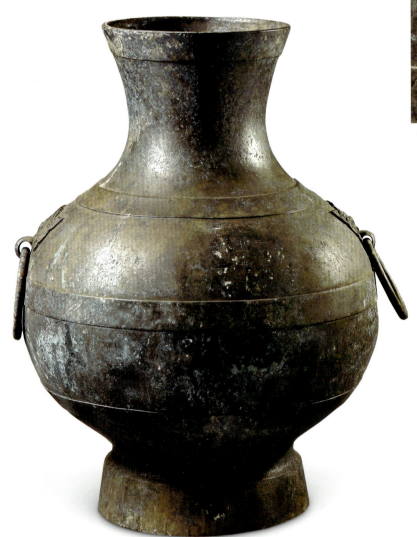

4-1-8 "樊氏容十升重廿八斤十四两"铜壶
现藏安徽省文物考古研究所

"樊氏容十升重廿八斤十四两"铜壶铭文

4-1-9　错银铜壶

高45.8、口径18.8、腹径35、底径20.4厘米

现藏安徽省文物考古研究所

4-1-10　玉璲

长10.7、宽2.6、厚1.8厘米

现藏安徽省文物考古研究所

4-1-11　玉龙形佩

长23.9、残宽5.6、厚0.4厘米

现藏安徽省文物考古研究所

4-1-12　白玉印坯
通高1.7、印面2.4×2.4厘米
现藏安徽省文物考古研究所

4-1-13　玛瑙璜
长9.9、宽1.4厘米
现藏安徽省文物考古研究所

4-1-14　错金镶宝石铜杖首
通高4.8、头部直径4.4厘米
现藏安徽省文物考古研究所

15
—
16

4-1-15　鎏金木柄残件

分别残长19.7、13.1厘米

现藏安徽省文物考古研究所

4-1-16　金银箔片

现藏安徽省文物考古研究所

4-1-17　铜车马器
现藏安徽省文物考古研究所

4-1-18　漆盘
高2.8、口径13厘米
现藏安徽省文物考古研究所

19 | 20

4-1-19 　男跽坐木俑
高38.7厘米
现藏安徽省文物考古研究所

4-1-20 　"六安飤丞"封泥
长4.8、宽2.7、厚2.3厘米
现藏安徽省文物考古研究所

第二单元

其他重要墓葬考古发现

安徽是汉代中央政府推行郡国制的地区之一，境内发现的王侯、达官权贵墓葬较多，出土大批精美文物。其中天长三角圩、巢湖放王岗西汉墓的发掘，是汉代考古的重要收获，分别入选1992年度全国十大考古新发现和1996年度重大考古发现。阜阳西汉汝阴侯墓出土的竹木简和天文仪器价值颇高，出土的漆器和铜器也非常重要。亳州曹氏宗族墓出土的玉器十分精美，墓砖石刻具有较高的书法和史料价值。

第一组　阜阳西汉汝阴侯夏侯灶夫妇墓

墓葬位于阜阳市西南1千米，1977年7月发掘。墓葬原是一个高出地面20米、东西长约100米、南北宽70米的双冢大土堆，两墓东西并列，相距17.7米。两墓形制相同，均为长方形积炭木椁墓。一号墓在东，椁室长6.2、宽3.8米，内分为南享堂和东西侧室。二号墓椁室稍小，长5.35、宽3.3米，布局与一号墓相同。1984年，对一号墓墓道进行了清理。墓道向南，南北长30、宽5米。在距椁室20米处还发现陪葬坑，长10米，用木板做成长方形库箱，内置髹漆的陶器，有罐、壶、鼎、钫、盒、匜、盆、甑等，以及一些漆盘残片。两墓早年被盗，仍出土漆器、铜器、铁器、陶器以及金、银器文物390多件，现藏阜阳市博物馆。一号墓出土竹简约9000余片，涉及《苍颉篇》、《诗经》、《周易》、《年表》、《万物之本》、《作务员程》、《算经》、《行气》、《相狗经》、《日书》、《刑德》、《楚辞》，以及《孔子家语》、《说苑》、《新序》、《庄子》、《荀子》、《国语》等十几种古籍。漆器中比较重要的有六壬栻盘、太乙九宫占盘和二十八宿圆盘，后两种是我国考古中第一次发现，这些栻盘虽是占卜用的工具，但它和古代天文、历法有着密切的联系，在科学史研究中值得重视。根据出土漆器、铜器上的铭文和文献考证，一号墓墓主为第二代汝阴侯夏侯灶，卒于文帝前元十五年（前165年），二号墓墓主为其妻子。汝阴侯墓葬年代明确，出土的文物为汉代考古提供了标准实物。一些器物上有铭文，包括名称、容量、重量、大小尺寸、制造年份和工匠名称等，为研究汉代的器物定名、度量衡制以及侯国工官制度提供了重要的实物资料。

4-2-1-1　竹简
现藏阜阳市博物馆

汉晋风流

4-2-1-2 木牍

长23、宽5.4、厚0.1厘米

现藏阜阳市博物馆

4-2-1-3　漆耳杯
高5、长18、宽10厘米
现藏阜阳市博物馆

4-2-1-4　陶马头
高14厘米
现藏阜阳市博物馆

汉晋风流

5
―
6

4-2-1-5　铁锤
长8.5、面径4厘米
现藏阜阳市博物馆

4-2-1-6　二十八星宿圆盘（复制品）
上盘：直径23.6、边厚0.4厘米
下盘：直径25.6、边厚0.5厘米
现藏阜阳市博物馆

7
—
8

4-2-1-7　六壬栻盘（复制品）
直径9.5、厚0.15厘米
现藏阜阳市博物馆

4-2-1-8　太乙九宫占盘（复制品）
圆盘直径8.3、厚0.3厘米
方盘边长14.2厘米
现藏阜阳市博物馆

汉晋风流

第二组 天长市三角圩西汉墓群

三角圩墓群位于天长市区东北2千米。1991年冬至1992年春，配合当地水利工程共发掘墓葬25座，除一座为战国晚期外，其余均为西汉早中期。这批墓葬集中分布在约1000平方米的范围内，均为长方形竖穴土坑墓，2.5~3米深，分单人葬与双人合葬两种，以木质棺椁为葬具，多南北向，形制大小不一。出土文物种类繁多，计748件。铜器有鼎、壶、洗、锺、甗、釜、匜、盆、盉、铃、环、钫、灯、镜、染炉、染杯、带钩、弩机、短剑、钱币等；铁器有剑、戟、削、矛、刀、釜、剪、炉、镇、斧、锯、凿、钻等；漆器有多子奁、圆盆、方盒、案、几、盆、勺、匜、新月盒等；木器有梳、篦、俑、牍、枕、头罩、剑、弩、墨斗等；玉器有璧、璜、龙、凤鸟、带钩、眼罩、鼻塞、耳塞、蝉、玉片

4-2-2-1 天长三角圩汉墓群

等；陶器有鼎、壶、罐、盒、仓、圈、瓢、卮等，此外还有玛瑙、琉璃、银器、角器等。这些出土文物中，玉器和漆器制作精良，是难得的精品。尤其是出土的一套二十八件木工工具，规格齐全，保存完好，甚为珍贵。这批墓葬以一号墓规格最高，墓坑长4.8、宽3.5米，为夫妇合葬墓，随葬各类器物380余件。墓中出土玉、银、铜、木等四种质地印章5枚，据印文可推断出墓主为桓平，为西汉广陵王国宦谒。十九号墓中出土一枚木质漆印，根据两墓桓姓及许多漆器上铭文"桓乐"、"桓安"、"大桓"等字样，推测三角圩汉墓群为桓氏家族墓群。三角圩西汉墓群出土文物丰富，对研究西汉时期家族史及当时的经济文化具有重要的历史和工艺价值。被评为1992年全国十大考古新发现。

汉晋风流

4-2-2-2　环形白玉龙

最大径5.53、厚0.4厘米

现藏天长市博物馆

4-2-2-3　S形白玉龙

高3.84、长6.9、厚0.24厘米

现藏天长市博物馆

4-2-2-4 七窍玉饰

眼罩：直径3.51～3.7、厚0.5厘米

耳塞：长2.1、直径0.42～0.7厘米

鼻塞：长2.1、直径0.85～0.95厘米

玛瑙珠：直径1.7厘米

口含：长5、宽2.4厘米

现藏天长市博物馆

4-2-2-5 "桓平之印"玉印

通高1.43、边宽1.92厘米

现藏天长市博物馆

4-2-2-6　云纹玉带钩
高1.12、长7.03、宽0.9厘米
现藏天长市博物馆

4-2-2-7　勾连云纹玉环
外径4.94、厚0.5厘米
现藏天长市博物馆

8
9

4-2-2-8 龙纹青玉璧
直径23、孔径4.6、厚0.4～0.55厘米
现藏天长市博物馆

4-2-2-9 针刻纹三角形漆壶
通高16.5、弧长10～10.9、边长7.2～7.4厘米
现藏天长市博物馆

4-2-2-10　龙纹漆盘

高2.2、口径14.8、底径9.1厘米

现藏天长市博物馆

4-2-2-11　漆耳杯
高5.5、长17.8、宽13.9厘米
现藏天长市博物馆

4-2-2-12　彩绘盒奁

大长方形漆盒：高6.2、长15、宽3.4厘米

小长方形漆盒：高6.2、长7.8、宽3.5厘米

马蹄形漆盒：高5.8、长径7.9、短径5.8厘米

方形漆盒：高6.2、边长3.9厘米

大圆漆盒：高7.2、直径7.7厘米

小圆漆盒：高6.5、直径5厘米

椭圆形漆盒：高6.2、长径6.7、短径3.6厘米

现藏天长市博物馆

4-2-2-13　银釦彩绘漆奁

通高14.8、盖径15、底径14.2厘米

长方半月形漆联盒：通高5.9、长12、宽3.9厘米

大圆漆盒：通高6.3、盖径7.1、底径6.5厘米

马蹄形漆盒：通高6.3、长径8、短径5.7厘米

小圆漆盒：通高5.6、盖径3.3、底径2.8厘米

现藏天长市博物馆

14

15

4-2-2-14　银釦彩绘云气纹贴金漆奁
通高9.5、口径9.2厘米
现藏天长市博物馆

4-2-2-15　银釦彩绘云气纹漆梳篦奁
通高12.5、口径12.4厘米
现藏天长市博物馆

汉晋风流

4-2-2-16 漆虎子
高16.6、长28厘米
现藏天长市博物馆

4-2-2-17 木工工具
铁铲1件：通长39.5、刃宽10厘米
铁斧3件：分别长24.6、14.4、13.2厘米
青石砚1件：长16.4、宽5.8、厚0.2厘米
束腰八菱形木器1件：通长8.3、直径5.9厘米
案形木器1件：长31.6、宽16、通高14厘米
铁钻3件：分别长18.4、13.9、12.8厘米
铁锉1件：通长21.1、锉宽1.7厘米
铁刨刀1件：通长25.7厘米，刃长16、宽2.5厘米
铁锯3件：分别通长25.3、16、33.8厘米
铁凿11件：通长11.2~28.5厘米
现藏天长市博物馆

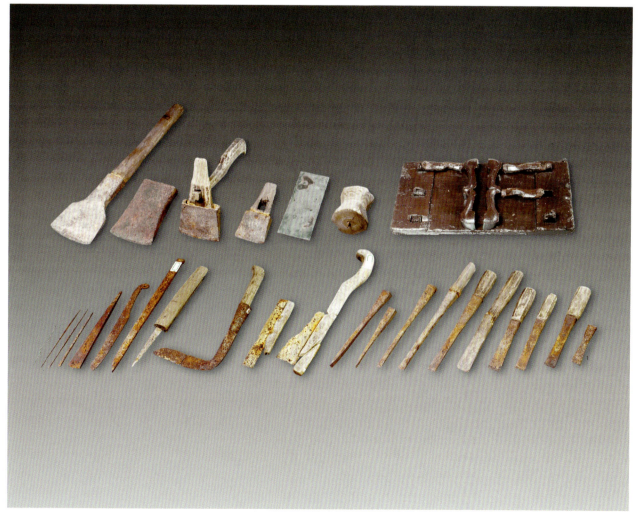

汉晋风流

18
—
19
—
20

4-2-2-18　蟠螭纹铜镜
直径11.2、厚0.5厘米
现藏天长市博物馆

4-2-2-19　星云铜镜
直径10.7、厚0.5厘米
现藏天长市博物馆

4-2-2-20　昭明铜镜
直径10.5、厚0.3厘米
现藏天长市博物馆

4-2-2-21 "桓平私印"铜印
通高1.7、边宽1.8厘米
现藏天长市博物馆

第三组　巢湖放王岗西汉墓和北山头西汉墓

巢湖放王岗西汉墓于1996年6月发掘，为大型土坑积炭木椁墓。墓主为吕柯，为当地重要官吏。墓葬为土坑木椁墓，重椁重棺。墓室东西长9.2米，南北宽7米，西壁正中有一条长6.2、宽3米的长斜坡墓道。用大块方木围成墓室。椁室长7.62、宽5.72米，内高2.04米，上铺以大型方木，椁墙与墓坑间充填50～60厘米厚的木炭。椁室以两根立柱和竖板分隔成前后室。后室内正中置重椁重棺，内外棺间为南北边箱。内外棺均为长方盒形，内髹红漆，外涂黑漆。前室有器物架，摆放漆器，滑石器下置木俑。漆木器有300多件，有长方形漆案、盘、圆盒、耳杯，以及人物俑、马俑、车、乐器架、瑟、木杖等。漆器上均绘饰精美图案，线条流畅，构图严谨。滑石器近30件，有盘、耳杯、碗和大鼎。后室南北边箱多为铜器，有鼎、壶、钫、洗、釜、甂、盆、卣、扁壶、灯、削、熏、卧羊、卧骆驼、朱雀等70多件，部分鎏金。棺内有镜、剑、

削、五铢钱、印章、木梳、木篦，以及璧、环、带钩、口含等玉器和玛瑙珠等。放王岗吕柯墓出土遗物有铜器、玉器、漆木器、滑石器和陶器等共700余件，土文物种类多，内涵丰富，是研究西汉时期政治、经济及手工业生产的难得实物资料。1996年度入选全国十大考古新发现。1998年被安徽省人民政府公布为全省重点文物保护单位。

1997年12月至1998年1月，在巢湖市区北山头道路扩建工程中发现2座西汉早期的墓葬。其中一号墓出土文物比较珍贵，有铜器、银器、漆木器和玉器等140多件。其中玉卮和金箍水晶扣嵌玉镶料漆罐等文物制作精湛，为罕见珍品。还出土一枚"曲阳君胤"的玉印章。该墓出土文物制作精良，具有极高的工艺价值，是研究西汉早期玉器和漆器工艺的重要实物资料。

4-2-3-1　"曲阳君胤"玉印
通高1.8、印面2.1×2.1厘米
1997年巢湖北山头汉墓出土
现藏巢湖市博物馆

4-2-3-2　玉粉盒

高4.4、直径11.1厘米

1997年巢湖北山头汉墓出土

现藏巢湖市博物馆

3
——
4

4-2-3-3　玉贝
长2.2、宽1.33、厚0.44厘米
1997年巢湖北山头汉墓出土
现藏巢湖市博物馆

4-2-3-4　朱雀玉卮
通高11.7、口径6.75、底径6.3厘米
1997年巢湖北山头汉墓出土
现藏巢湖市博物馆

4-2-3-5　朱雀衔环玉卮

通高13.6、口径8、底径7.4厘米

1997年巢湖北山头汉墓出土

现藏巢湖市博物馆

4-2-3-6　朱雀纹玉佩

长6.5、宽3.4、厚0.5厘米

1997年巢湖北山头汉墓出土

现藏巢湖市博物馆

4-2-3-7　龙纹白玉环
直径9.94、孔径5.7、厚0.4厘米
1997年巢湖北山头汉墓出土
现藏巢湖市博物馆

4-2-3-8　变形兽面纹玉环
直径8.8、孔径6.1、厚0.45厘米
1997年巢湖北山头汉墓出土
现藏巢湖市博物馆

4-2-3-9　龙形玉觿

长8.9、宽0.15～2.35、厚0.15～0.45厘米

1997年巢湖北山头汉墓出土

现藏巢湖市博物馆

4-2-3-10　双虎形玉佩

长4.8、宽4、厚0.5厘米

1996年巢湖放王岗汉墓出土

现藏巢湖市博物馆

4-2-3-11 铜灯

通高32.6、口径18.4、底座径16厘米

1997年巢湖北山头汉墓出土

现藏巢湖市博物馆

4-2-3-12　鎏金铜朱雀

通高16.9、首尾长11.8、双翅处宽15.9厘米

1996年巢湖放王岗汉墓出土

现藏巢湖市博物馆

13
—
14

4-2-3-13　铜蒜头扁壶
通高27.8、口径3.4、腹径34.8厘米
1996年巢湖放王岗汉墓出土
现藏巢湖市博物馆

4-2-3-14　铜盉
口径7.3、腹径15.2、柄长10厘米
1996年巢湖放王岗汉墓出土
现藏巢湖市博物馆

汉晋风流

4-2-3-17　漆盘

高3.9、口径30.4厘米

1997年巢湖北山头汉墓出土

现藏巢湖市博物馆

汉晋风流

4-2-3-18
金箍水晶扣嵌玉镶料漆罐
通高16.7、口径10.4、腹径
20.9厘米
1997年巢湖北山头汉墓出土
现藏巢湖市博物馆

4-2-3-19　漆盒
通高17.6、口径20.6厘米
1997年巢湖北山头汉墓出土
现藏巢湖市博物馆

4-2-3-20 漆卮
通高14.5、口径12厘米
1996年巢湖放王岗汉墓出土
现藏巢湖市博物馆

4-2-3-21 长方形五子漆盒
通高18.6、长29.8、宽16.6厘米
1996年巢湖放王岗汉墓出土
现藏巢湖市博物馆

第四组 亳州曹氏宗族墓葬

曹氏宗族墓葬位于亳州市城南，包括曹四孤堆、马园西地墓群、董园墓群、袁牌坊墓群、刘园孤堆、观音山孤堆、元宝坑一号墓、薛家孤堆、姜家孤堆等，面积约10平方千米。《水经注·阴沟水》有记载。其中以曹四孤堆规模最大、最为集中。其因有南北一字排列的四个高大孤堆而得名，每个孤堆高5米、占地面积2500平方米。上世纪七八十年代，配合城市建设，先后在董园、袁牌坊、马园、元宝坑、曹四孤堆等地抢救发掘了一批墓葬，其中以董园2号墓规模较大。

董园二号墓于1973年发掘。墓葬为石室墓，门朝东，墓室由甬道、前室、中室、后室、南北耳室、东西偏室构成。内长15.3、宽10.2、高3米。砌墓用条石共876块，一般长2、宽厚各0.5米。甬道南北两壁石块上各有2个画像石刻人物，一佩剑在前，一执盾在后，名曰"神茶"、"郁垒"兄弟2人，即千里眼、顺风耳。甬道口有羊首门砧1对，铺首衔环石门1付，门框边分别阴刻青龙、白虎、朱雀、玄武四神，

石额上刻"双凤图"、"养鹿图"。墓室内壁上抹以白灰衬地，彩绘帐篷、旌旗、芦苇、天象、仕女楼阁等各类生活图案，可惜多已患漫不清。整座墓建筑宏伟，俨然地下小宫殿。随葬品几乎盗空，残存铜缕玉衣片、玉枕片、铜猪、鎏金铜构件、料珠等。据《水经注》记载及出土文物分析，墓主疑是曹操祖父曹腾之墓。腾字季兴，官常侍、长乐太仆，封贵亭侯。此外，经发掘证明与曹氏有关的墓葬，还有曹操之父曹嵩墓、吴郡太守曹鼎墓、永昌郡太守曹鸾墓、山阳太守曹勋墓以及操之女曹宪墓。在曹四孤堆一号墓北侧曾发掘一座小型墓葬，出土字砖上有"豫州刺史曹水"等铭文。在已发掘的曹氏宗族墓中还出土300余块刻辞墓砖，内容为刑隶、反抗、怨恨、悲吟、尊敬、曹族、方吏、题名、记时和计数等。字体既有汉代常见的篆书、隶书和不常见的章草的真、行书，对研究当时的社会和书体演变等具有重要的历史和艺术价值。2001年6月由国务院公布为全国重点文物保护单位。

1
2
3

4-2-4-1　曹氏家族墓地曹四孤堆

4-2-4-2　曹氏宗族墓地董园2号墓内景

4-2-4-3　银缕玉衣
长188、肩宽59、厚25厘米
1973年亳县城南郊董园村一号汉墓出土
现藏亳州市博物馆

汉晋风流

4-2-4-4　玉猪
高3.3、长10厘米
1973年亳县城南郊董园村一号汉墓出土
现藏亳州市博物馆

4-2-4-5　司南玉佩
高2.4厘米
1972年亳县城西南郊凤凰台一号汉墓出土
现藏亳州市博物馆

4-2-4-6 玉刚卯

高2.25、宽0.96～1厘米

1972年亳县城西南郊凤凰台一号汉墓出土

现藏亳州市博物馆

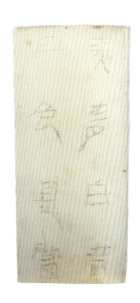

4-2-4-7 "曹宪印信"铜套印

外印：通高3.5、印面2.2×2.2厘米

中印：通高2.15、印面1.3×1.3厘米

1975年亳县城南郊曹氏宗族墓地曹宪墓出土

现藏亳州市博物馆

4-2-4-8 "毛□作大好康当"砖
1976年亳县城南郊元宝坑一号东汉墓出土
现藏亳州市博物馆

4-2-4-9 "为将奈何吾真愁怀"砖
1976年亳县城南郊元宝坑一号东汉墓出土
现藏亳州市博物馆

4-2-4-10 "河间明府"砖
1976年亳县城南郊元宝坑一号东汉墓出土
现藏亳州市博物馆

第五组　汉画像石墓

画像石墓在皖北有广泛分布，以萧县、淮北、宿州、灵璧、泗县、濉溪、涡阳、亳州等地发现较多，在怀远、颍上、固镇、定远、霍山等地也有发现，南可达大别山—巢湖一线。其时代主要为东汉中晚期，有的延续到魏晋。1992年在濉溪县岳集古城发掘2座东汉墓。其中1号墓为砖室墓，墓砖刻有"元和□年"字样，当为东汉早期。2号墓为画像石墓，在墓室的横梁和石壁上刻有双龙穿璧、女娲、珍禽异兽等画像，均为浅浮雕，形象生动，栩栩如生，是安徽目前发现年代最早的画像石墓。两墓出土随葬品100多件，有龙首陶匜、盘龙石灯、铁六边形器、铁镜及早期青釉瓷器等。1956年发掘的宿县褚兰乡夏町村九女坟画像石刻墓，建于东汉建宁四年（171年）。原墓前南侧有石砌享堂，仅存几块石块。墓室由甬道、前室、北耳室和并列两后室组成。前室四壁皆为画像石刻，布局对称，计14幅。内容有歌舞、宴饮、祈祷、车马出行、殡葬、纺织等，其石刻采用减地平浮雕技法，古朴凝重，画像种类较多，其中织布图反映了汉代纺织生产的生动情景。1999年至2001年，在萧县、濉溪县发现一批汉画像石墓，画像题材丰富，有车马出行、宴饮、百戏、狩猎、庖厨、击鼓、伏羲、二龙穿璧、铺首等，对了解当时的社会经济和文化习俗有着重要价值。

4-2-5-1　白虎图画像石
高105、宽36厘米
2003年萧县圣村汉墓出土
现藏萧县博物馆

4-2-5-2　跪拜图画像石
高180、宽46厘米
2003年萧县圣村汉墓出土
现藏萧县博物馆

4-2-5-3　宴居图画像石
高105、宽79、厚28厘米
2003年萧县圣村汉墓出土
现藏萧县博物馆

4-2-5-4　玄鹤游鱼·应龙吉象图画像石

高105、宽42厘米

2003年萧县圣村汉墓出土

现藏萧县博物馆

汉晋风流

4-2-5-5 跪拜乐舞图画像石
高131、宽46厘米
2003年萧县圣村汉墓出土
现藏萧县博物馆

4-2-5-7 行龙图画像石
高130、宽24、厚28厘米
2000年萧县破阁村汉墓出土
现藏萧县博物馆

4-2-5-8 伏羲女娲图画像石

高112、宽59、厚38厘米

2003年萧县陈沟汉墓甬道出土

4-2-5-9 朱雀图画像石
高96、宽93、厚22厘米
2003年萧县陈沟汉墓甬道出土

10 | 11

4-2-5-10 青龙神兽图画像石
高96、宽59、厚28厘米
2003年萧县陈沟汉墓甬道出土

4-2-5-11 鹳鸟衔鱼图画像石
高53、宽95、厚28厘米
2003年萧县陈沟汉墓甬道出土

第六组　其他出土文物精品

汉代的安徽，经济发达，文化昌盛。除上述重大考古发现之外，各地还出土了大批精美的文物珍品，突出反映了汉代经济文化繁盛、崇尚黄老、实行厚葬的社会风俗。

4-2-6-1　蟠螭纹玉饰件　东汉
长7、宽4.27、厚2.88厘米
1984年怀远县唐集汉墓出土
现藏怀远县文物管理所

2
—
3

4-2-6-2　鎏金铜座玉杯　西汉
高8.15、口径4.8厘米
1975年涡阳县石弓山稽山崖墓出土
现藏阜阳市博物馆

4-2-6-3　谷纹玉璧　汉代
外径13.8、孔径2.8、厚0.6厘米
1970年寿县南门外养猪场1号墓出土
现藏寿县博物馆

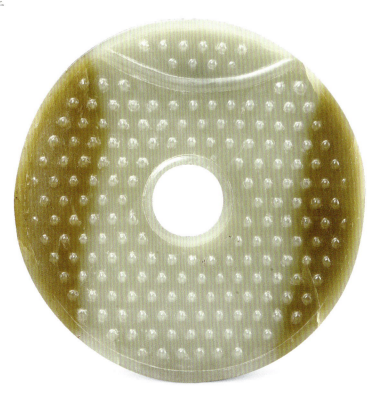

汉晋风流

4
—
5

4-2-6-4　鎏金香熏　西汉
通高15.5、口径8.5、底径6.8厘米
1975年涡阳县石弓山稽山崖墓出土
现藏阜阳市博物馆

4-2-6-5　鎏金熊镇　汉代
高5.1、宽4.1~4.8厘米
1952年合肥市建华窑厂工地出土
现藏安徽省博物院

4-2-6-6 错金银弩机 汉代
高17.3、通长14、宽6.5厘米
1979年寿县北门废品收购站拣选
现藏寿县博物馆

4-2-6-7 "中邮吏印"铜印　汉代
通高2.4、印面2.1×2.1厘米
1973年颍上县江口区汤圩古城征集
现藏阜阳市博物馆

4-2-6-8　重列式神兽镜　汉代
直径13.3、厚0.4厘米
1975年和县卜集黄圩出土
现藏和县博物馆

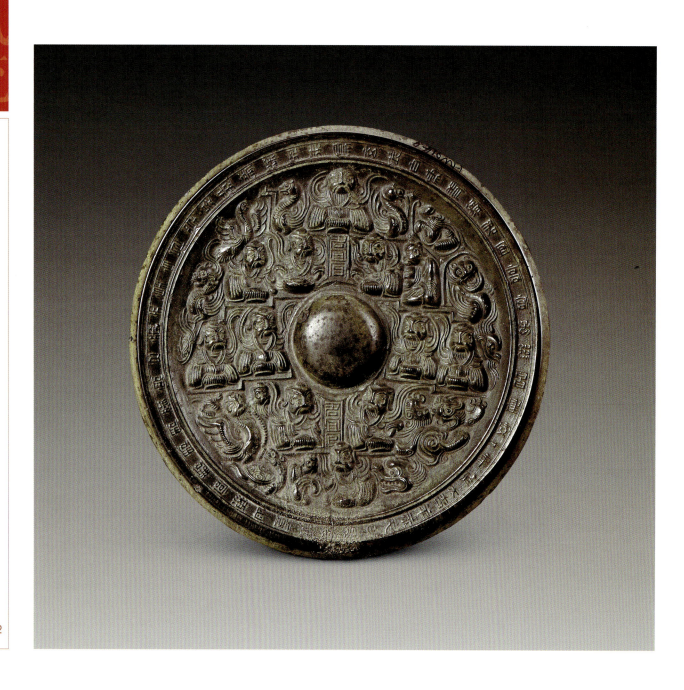

4-2-6-9　三足兽纹石砚　汉代

通高14.3、直径16.5厘米

1958年太和县李阁乡双古堆出土

现藏安徽省博物院

第三单元 三国遗珍

第一组 马鞍山东吴朱然家族墓

三国时期东吴右军师左大司马当阳侯朱然墓，位于安徽省马鞍山市雨山乡安民村。1984年6月在沪皖纺织联合公司扩建仓库施工中发现。墓葬形制为土坑砖室墓，墓向正南，由封土、墓道、墓坑和墓室四部分组成。墓道为阶梯式，共26级，坡度19度，长9.1米。墓室由甬道、前室、过道和后室组成，外侧总长8.7、宽3.54米。前室平面长方形，为"四隅券进式"穹隆顶结构，比较特殊，是迄今发现最早的这类建筑形式的实例。前室内长4.08、宽2.3、高2.25米。后室为双层拱形券顶。前、后室各置一棺，棺外黑漆，内为朱漆，素面。朱然墓虽遭盗扰，仍残存随葬品140多件，有漆木器、瓷器、陶器、铜器、货币等。其中漆木器约占50%，共约80件，有案、盘、羽觞、槅、盒、壶、樽、奁、匕、勺、凭几、砚、虎子、屐、扇、梳、刺、谒等。许多漆器上绘人物故事和动植物图案，构图严谨，画面生动精彩，非常精美。如：宫闱宴乐图漆案，长82、宽56.5厘米，共画55个人物，人物旁大多有榜题，四周衬托云气、禽兽、菱形、蔓草等纹饰。犀

皮黄口羽觞（耳杯）、季札挂剑图漆盘等漆器的底部有"蜀郡造作牢"朱红漆书铭记，表明了漆器的产地为蜀郡。朱然墓漆器的出土，展现了三国时期精湛的绘画技艺和高超的漆器制作水平，是一次重大考古发现，填补了中国汉末至六朝时期漆器工艺史的空白。朱然在《三国志》中有传，卒于东吴赤乌十二年（249年）。该墓的发现，是迄今已发掘的吴墓中身份最高的墓葬，为研究东吴埋葬制度提供了一个重要标尺。

1996年9月在朱然文物陈列馆扩建中，于朱然墓的南侧发现4座砖室墓。其中M1在朱然墓的西南方直线距离34.2米，上有残封土，高1.5米。墓葬由斜坡墓道、封门墙、挡土墙、石门、甬道、前室、过道和后室组成，墓葬总长10.59米。墓向187度。后室墓砖有模印阳文"富宜贵至万世"、"富贵万世"铭文砖，格式与朱然墓铭文砖相同。其他还有少量模印的龙纹、朱雀纹砖等。该墓早期被盗扰，出土器物28件。瓷器为主，计20件，有钵、盖罐、勺、囷、磨、猪圈、厕圈、马圈、猪、马、鸡、羊、狗、卧羊、人

俑、镇墓兽、钱纹罐等。其他有铁镢6件、铜狗1件和金钗1件。根据该墓的砖纹、建筑手法和出土文物分析，其年代为三国时期。M1距朱然墓很近，墓葬规模大、规格等级较高，随葬品十分精致，绝非一般人能够享有，此墓应与朱然有关，属于其家族成员的墓葬。该墓地其他三座墓形制较小，年代可到西晋。

4-3-1-1 马鞍山朱然墓（镜向南偏东）

4-3-1-2 马鞍山朱然家族墓（镜向北）

汉晋风流

$\dfrac{4}{5}$

4-3-1-4　釉陶钱纹罐

通高31.3、口径19.6、底径15.8厘米

现藏马鞍山市朱然家族墓地博物馆

4-3-1-5　青瓷卣

高22.3、口长径11.4、口短径10.3厘米

现藏马鞍山市朱然家族墓地博物馆

4-3-1-6　青瓷马圈

圈：通高15、顶长24.4、宽18厘米

马：高9、长16厘米

现藏马鞍山市朱然家族墓地博物馆

4-3-1-7　青瓷香熏
通高15.9、口径17.8、底径13.1厘米
现藏马鞍山市朱然家族墓地博物馆

4-3-1-8　青瓷釉陶囷
通高16、口径13、底径12.6厘米
现藏马鞍山市朱然家族墓地博物馆

4-3-1-9 贵族生活图漆盘

口径25、底径22.5厘米

现藏马鞍山市朱然家族墓地博物馆

4-3-1-10 季札挂剑图漆盘

口径24.8厘米

现藏马鞍山市朱然家族墓地博物馆

4-3-1-11　童子对棍图漆盘

高1.8、口径14、底径6.8厘米

现藏马鞍山市朱然家族墓地博物馆

4-3-1-12　宫闱夜宴图漆案
高3.8、长82、宽56.5厘米
现藏马鞍山市朱然家族墓地博物馆

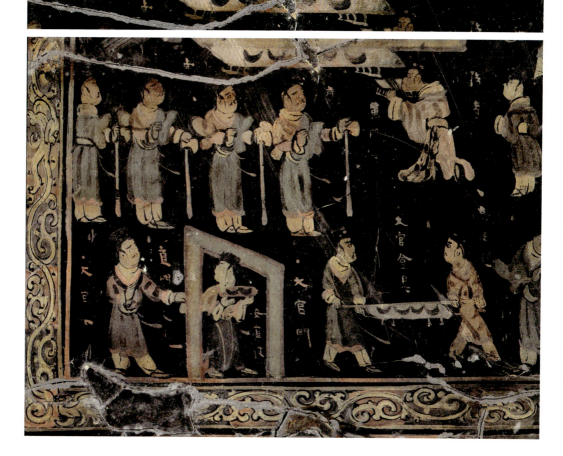

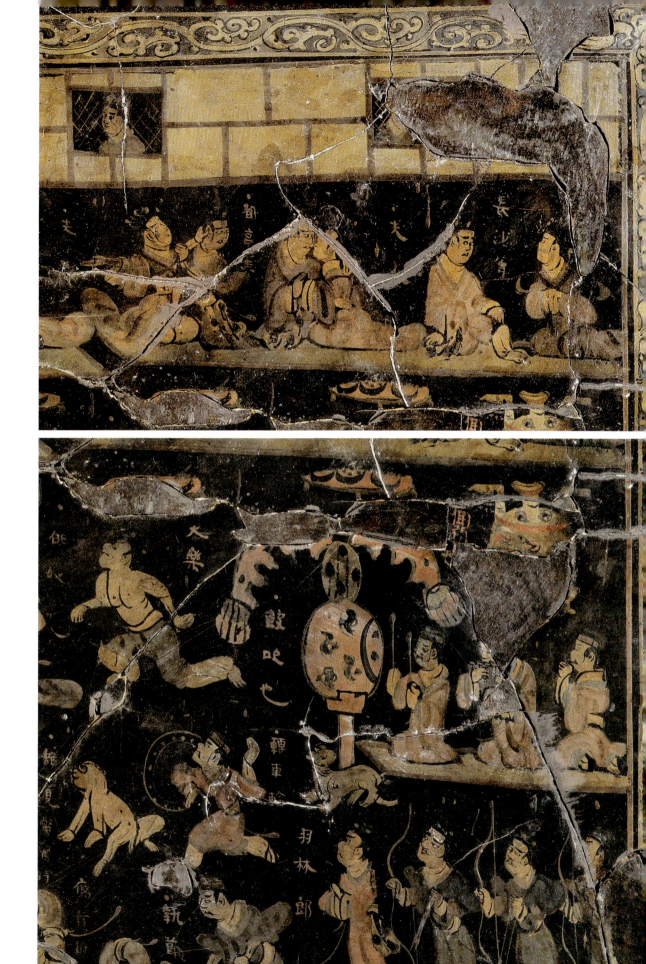

汉晋风流

4-3-1-13　漆榼
高4.8、长25.4、宽16.3厘米
现藏马鞍山市朱然家族墓地博物馆

4-3-1-14　锥刻戗金漆盒盖
高11.5、边长22.6厘米
现藏马鞍山市朱然家族墓地博物馆

4-3-1-15 漆匕

左：长12.4、宽4.1、厚0.75厘米

中：长13、宽4、厚0.9厘米

右：长13.8、宽4.2、厚0.9厘米

现藏马鞍山市朱然家族墓地博物馆

4-3-1-16　木刺

长24.8、宽3.4、厚0.6厘米

现藏马鞍山市朱然家族墓地博物馆

4-3-1-18　柿蒂八凤铜镜
直径14.9、纽径3.8厘米
现藏马鞍山市朱然家族墓地博物馆

4-3-1-19　环绕式神兽铜镜
直径12.5厘米
现藏马鞍山市朱然家族墓地博物馆

第二组　合肥三国新城遗址

遗址位于庐阳区三十岗乡陈龙行政村境内。2004年9月至2005年6月，为配合"三国新城遗址公园"建设，对该城址进行了考古发掘，揭露面积6000多平方米。新城城垣呈不规则长方形，南北长380～420米，东西宽约200米，总面积8.6万平方米。城设三门，即东中门、东侧门、西门，南北墙未设门。城外护城河宽为12～25、深3～4米。城垣为夯土版筑，现残高3～10、基宽18～22米，分三期夯筑。城垣上显露地表有14个土墩和连续起伏的墙基，应为马面遗存；城四角及南北墙中间的6个土墩最大，高约10余米，系望楼、角楼的遗迹。城内发现演兵台、兵器铸造作坊、礌石坑、房基、小路等重要遗迹。其中房基5处，房基主要由墙基和柱洞构成，三开间1处、里外双间的4处，方向一致，门均朝南，每组房内都有一个灶坑。建筑形式均为地面式木结构，先在经夯筑的地面上挖出墙基槽，然后在基槽内垒土筑墙，在室内挖洞立柱。如F1为里外双间组合，在这个单元内发现三段墙基和13个柱洞，东西长12米，南北宽7米。室外有道路和踩踏面，道路南北向，位于房子的东边，路宽70～80厘米。道路的做法是先挖地槽，然后用灰黑土掺碎砖瓦片铺垫，结构非常紧密，踩踏面厚约5厘米。从房屋的建筑形制看，等级不高，比较简陋。

作坊遗址位于城内东北角，为一面积50平方米的红烧土层，内含有较多的铁渣、木炭和炉灰，并散落有铁箭头（镞），在红烧土面的周围发现二个圆形和一个长方形的水坑，每个坑底部均有一层厚5～6厘米的淤泥土，并出土有数十枚铁镞，据此分析应是铸造兵器的作坊遗址。在东侧门内侧的南边发现一礌石坑，有礌石数十个，这批礌石均经过加工，近圆形，直径在15～30厘米间，应为防御此城使用的武器。出土遗物中以板瓦、筒瓦居多，其次为铁镞，近2000件，陶质生活用具主要有罐、瓮、盆、壶、火锅、甑、盏、豆、勺等。另外还出土有铁撞车头、铁斧、铁锸、铁刀、夯、灯、礌石、砺石、铜镞和陶纺轮等。

据史书记载，魏明帝太和四年（230年），在合肥始建新城，青龙元年（233年）建成。曹魏"屯兵于此、抵御吴军"，孙吴多次围攻均未取得成功。公元280年东吴孙皓被俘，三国时代结束，此城便逐渐废弃，距今已有1700余年历史。考古材料表明，城内发现的遗迹和遗物等都与兵战有关，具有较强的军事防御功能，属于军事城堡，对研究三国及合肥的历史具有重要价值。现为省重点文物保护单位。

1	
2	3

4-3-2-1　东侧门城墙剖面

4-3-2-2　发掘现场

4-3-2-3　东侧门内南侧墙角下礌石

4-3-2-4　板瓦

残长40、上端宽25、下端宽28.6、厚1.4厘米

现藏安徽省文物考古研究所

4-3-2-5　筒瓦

通长43.5、舌部筒径15.2、下端筒径16.1、厚1.3厘米

现藏安徽省文物考古研究所

6
—
7

4-3-2-6　釉陶罐
高22.8、口径20、底径13.6厘米
现藏安徽省文物考古研究所

4-3-2-7　陶罐
高22.4、口径21.6、底径15.2厘米
现藏安徽省文物考古研究所

4-3-2-8　陶盆
高17.2、口径52、底径21.6厘米
现藏安徽省文物考古研究所

4-3-2-9　陶火锅
高17.6、口径33.6、底径17.2厘米
现藏安徽省文物考古研究所

4-3-2-10　陶澄滤器
高8.8、口径54.4、底径38.4厘米
现藏安徽省文物考古研究所

11	12
13	14

4-3-2-11　铁撞车头

最大一件长23厘米

现藏安徽省文物考古研究所

4-3-2-13　礌石

共100多枚，直径14～30厘米（右边直径为14厘米）

现藏安徽省文物考古研究所

4-3-2-12　铁斧

长14.4、宽6～8.6厘米

现藏安徽省文物考古研究所

4-3-2-14　铜镞

左残长8.3厘米，右残长6.5厘米

现藏安徽省文物考古研究所

第四单元
两晋南北朝
青瓷珍品

两晋南北朝时期的考古发现大多为古墓葬。皖南地处六朝都城建康的京畿地区，在马鞍山、当涂、芜湖、宣城等地发现的墓葬较多，不少属于显赫的家族墓葬，出土大批珍贵的青瓷器，这对于研究六朝时期社会政治、经济、文化等具有重要的科研和历史价值。

第一组 宣城西晋墓

1992年4月，宣城市博物馆在市区外贸巷配合邮电局基建清理2座并列砖室墓。两墓均为"凸字形"，券顶，由甬道、墓室组成。其中，1号墓长4.9、宽1.8、深2.1米，内置一棺，2号墓长5.25、宽2.15、深2.2米，内置双棺，墓葬保存基本完好。出土随葬品近70件，青瓷器有盘口壶、虎子、簋、唾盂、四系罐、鸡首壶、洗、水注、盏，铜器有炉、洗、镳斗、熨斗、镜、三足炉、勺等，漆器有盘、榻、钵、耳杯、勺、盒等，木器有屐、钵、梳、盒、尺，以及陶砚、金镯、银镯、银环、五铢钱等。这批墓葬出土的青瓷，造型规整，釉色淡雅光洁，十分精美。1986年，在宣州市向阳乡凤凰山发现一座西晋墓，出土一批随葬品。遗物以瓷器为主，品种与外贸巷西晋墓相同，其中人物鸟兽魂瓶十分精美，是难得的珍品。

4-4-1-1 青瓷蛙形水注
高5.3、口径1.5、底径4厘米
现藏宣城市博物馆

汉晋风流

4-4-1-2　青瓷簋

高15、口径24.5、足径15厘米

现藏宣城市博物馆

4-4-1-3　青瓷鸡首罐

高18.5、口径10、底径9.7厘米

现藏宣城市博物馆

4
—
5

4-4-1-4　青瓷虎子
高19、长24.5、宽12.5厘米
现藏宣城市博物馆

4-4-1-5　青瓷唾盂
高9.7、口径9、足径8.5厘米
现藏宣城市博物馆

第二组　当涂青山两晋墓

当涂青山是六朝墓分布比较集中的地区之一，历年来不断有墓葬发现或文物出土。重要的有：1983年10月在太白中学拓宽操场时，发现一座砖室墓，墓室已被破坏，形制不明。残存随葬品有魂瓶、双系罐、四系罐、猪圈、狗窝、鸡笼、碗、香熏等青瓷器9件。该墓墓砖上有"太康七年造"的文字，并有青龙花纹。2002年5月至2003年12月配合马芜高速公路建设，在青山西麓抢救发掘了20余座六朝砖室墓。这批墓葬大部分早期被破坏，以两晋时期为主。一般由排水沟、封门墙、门道、前室、甬道、后室组成，前室为穹隆顶，后室为券顶，有的墓室内有砖砌的祭台或棺床。出土遗物以青瓷器为主，有魂瓶、四系罐、盘口壶、耳杯、虎子、蛙形水盂、三足砚，以及灶、鸡笼、猪圈等模型明器。其他有买地券、铜镜、滑石猪、玉器、玛瑙器等。

这批墓葬以中型为主，具有家族墓地性质，随葬品的质量一般较高，比较精美，反映墓主有着较高的身份地位。值得注意的是，有些有明确纪年或墓主的墓葬，如6号墓为"元康五年"，7号墓为"太康八年，丹阳于湖东里王君陵"；8号墓为"元康七年，故吏谢景"；19号墓为"元康二年，右郎中韩朗"；25号墓为"宝鼎三年，二千石官秩"等。当涂青山在六朝时期邻近建康京畿地区，分布有不少重要的豪强庄园，至唐代尚有"谢家青山"之说，李白有"青山日将眠，寂寞谢公宅"的诗句。这一地区六朝墓的发现，对研究当时的经济文化具有重要意义。

4-4-2-1　17号墓　　　　4-4-2-2　23号墓

汉晋风流

4-4-2-3　19号墓

4-4-2-4　19号墓

4-4-2-5　玉璜

外径7.2、内径2.8、厚0.3厘米

现藏安徽省文物考古研究所

4-4-2-7　玉佩

长11.4、宽4.2、厚0.4厘米

现藏安徽省文物考古研究所

4-4-2-8　凤鸟形玉带钩

高2.24、长7.1、宽1.47厘米

现藏安徽省文物考古研究所

4-4-2-9　玉猪

高2.64、长11.23、宽2.51厘米

现藏安徽省文物考古研究所

4-4-2-10　玉猪

高2.5、长11、宽2.4厘米

现藏安徽省文物考古研究所

4-4-2-11　青瓷盘口壶　西晋
高18.6、口径10.4、底径11.2厘米
现藏当涂县文物管理所

4-4-2-12　青瓷盘口壶　东晋
高32.1、口径16.8、底径13.1厘米
现藏当涂县文物管理所

13
——
14

4-4-2-13 青瓷四系罐 西晋
现藏安徽省文物考古研究所

4-4-2-14 青瓷水注 西晋
高2.8、腹径9厘米
现藏安徽省文物考古研究所

第三组　其他出土文物精品

魏晋南北朝时期的文化遗存在安徽广泛分布，主要以墓葬为主。这些墓葬的随葬品，多以青瓷器为主，亦有铜器，其中不乏珍品。这些文物器类各异，制作精湛，造型优美，是研究这一时期青瓷和青铜工艺技术的重要资料。

$\dfrac{1}{2}$

4-4-3-1　青瓷狮形插座　六朝
高9.78、长14厘米
1997年马鞍山霍里镇西晋墓出土
现藏马鞍山市博物馆

4-4-3-2　青瓷龙柄虎子
高15.3、口径4.5、底径10.8厘米
1951年芜湖市出土
现藏安徽省博物院

隋唐宋是我国封建社会政治、经济与文化高度发达的历史时期。隋代大运河通济渠的开凿与使用，成为隋唐宋三代沟通南北交通的大动脉，促进了南北经济文化的交流，同时也加强了安徽地区与中原和东南地区的联系，加速了境内经济文化的发展繁盛，泽被古今。这一时期的重要考古发现有：隋唐大运河通济渠淮北柳孜等遗址的发掘，展现了当年运河漕运十分发达，一派舳舻相继，运漕商旅往来不绝的繁忙景象，是我国运河考古的重大发现。寿州窑、繁昌窑等瓷窑址的发现，遍及全省，反映出当时境内的瓷业生产十分兴盛，产品行销大江南北。各地隋唐宋时期墓葬的发掘，出土了数量众多、质量精美的瓷器、金银器等文物，令人赞叹。尤其是包拯家族墓，朱晞颜墓等一些宋代名人墓葬，不仅出土大量精美文物，还多伴有墓志，具有重要的史料价值。南宋时中国经济重心南移，安徽出土有南宋金牌、金锭、银锭等，大多带有地名、年号、工匠名、出门税等戳印记，是研究这一时期经济、货币及税制等的重要实物资料。

第五部分　唐宋菁华

第一单元 隋唐大运河通济渠（安徽段）遗址

隋大业元年（605年），隋炀帝征发"河南、淮北诸郡民前后百余万"开通济渠。605年至610年，隋以洛为中心，北起涿郡，南到余杭，全长两千多千米，共开通通济渠、永济渠、山阳渎（邗沟）、江南河四段运河，连接黄河、长江、海河、淮河、钱塘江五大水系，是世界上最雄伟的工程之一。运河开通，"商旅往返，船乘不绝"，它成为南北交通的大动脉，促进了南北经济文化的交流，稳定巩固了中央集权，对维护国家统一和社会经济的发展都发挥了重要作用。大运河通济渠一直沿用至金代，见证了隋唐宋三代王朝的兴衰。它如同长城，饮誉世界，体现了我国古代劳动人民的聪明才智和创造力。

大运河通济渠安徽段流经的淮北、宿州两市，全长170多千米，河道虽已淤塞，但遗迹仍存。进入新世纪前后，配合地方经济建设，先后抢救发掘了淮北柳孜和宿州城关几处运河遗址，出土大批文物，对研究该段运河的历史具有重要意义。

第一组 淮北柳孜码头遗址

1999年5～11月配合泗永公路改造工程，对淮北市濉溪县柳孜集隋唐大运河（通济渠）遗址进行考古发掘，取得重大收获。两个发掘点计揭露面积900平方米，发现8艘唐代沉船、1座宋代石建筑码头，出土大量唐宋时期的陶器、瓷器、铜器、铁器，以及铜钱、石锚等。发现的唐代木船，大多残损，最长者达20多米。1号船为木板结构，平面呈长方形，船底和尾部保存较好，尾舵完整。2号船为一棵整圆木雕凿的独木舟，长10.6、宽1.3米。在运河中发现如此多的沉船尚属首次。石建筑码头位于运河南岸，顺河而建，为长方形立体建筑，东西长14.3、南北宽9米，存高5.5米，东西两侧均用夯土护堤，其用途为一座货运码头，这是我国隋唐大运河建筑遗迹的首次发现。出土的文物以陶瓷器为主，品类涵盖全国范围内南北十多个窑口，包括有辽瓷。这些瓷器保存完好，造型各异，其中颇多精品。柳孜遗址的发掘成果是我国运河考古的重大发现，它对通济渠流经地点和路线起到了补史证史的作用，对研究柳孜镇的兴衰史，及当时的漕运制度、水利史、造船业、陶瓷业、商品流通等经济文化信息，具有重要的价值。被评为1999年全国十大考古发现，2001年国务院公布为第五批全国重点文物保护单位。

1
———
2

5-1-1-1　隋唐大运河形势图

5-1-1-2　隋唐大运河遗址砖石建筑北立面

唐宋菁华

$\dfrac{3}{4}$

5-1-1-3 2号船体

长10.6、最宽1.22米

5-1-1-4 6号残存船体

残长23.6米

5 | 6
——
7

5-1-1-5　青釉敛口平底罐　隋
高18、口径10.3、底径12厘米
现藏淮北市博物馆

5-1-1-6　青釉灯　隋
高29、底径16.3厘米
现藏淮北市博物馆

5-1-1-7　黄釉敞口玉璧底碗　唐
高8.2、口径20.4、底径8.6厘米
现藏淮北市博物馆

唐末菁华

5-1-1-8 长沙窑青釉五言诗壶 唐
高18.8、口径9.8、底径10.8厘米
现藏淮北市博物馆

9

10

5-1-1-9　萧窑酱釉双系壶　唐
高20.5、口径11、底径8.8厘米
现藏淮北市博物馆

5-1-1-10　青釉网纹双系坛　唐
高22.4、口径11、底径13厘米
现藏淮北市博物馆

5-1-1-11　茶叶末釉双系罐　唐
高13.7、口径16.2、底径8厘米
现藏淮北市博物馆

5-1-1-12　瓷铃　唐
通高2.9厘米
现藏淮北市博物馆

13

14

5-1-1-13　三彩三足炉　唐
高13.6、口径13.2、腹径19.3厘米
现藏淮北市博物馆

5-1-1-14　三彩碟　唐
高6.8、口径25、底径18厘米
现藏淮北市博物馆

5-1-1-15 黑白双色釉"仁和馆"瓶 宋
高26.6、口径4.6、足径8厘米
现藏淮北市博物馆

第二组　宿州隋唐运河遗址

2006～2007年配合宿州城市建设，在西关街、塘上嘉院建筑工地又发现两处运河遗址点，并进行了抢救性考古发掘，发掘面积1600平方米。该段运河为通济渠，两处发掘点相距不到1千米。经发掘，在西关街处完整地解剖了一段运河剖面。该段河口宽32.65米，河底宽近20米，河口至河底深5米。首次掌握了运河河床剖面的第一手资料，弄清了运河宽度及河床基本结构，基本掌握了运河开凿技术、疏浚、使用与废弃的年代等信息。在塘上嘉院工地发现宋代石筑军事壁垒一处、石筑码头与泊岸遗迹一处，宋代残沉船一艘。在壁垒的周围，发现有30多个礌石。码头与泊岸建在夯土堤基上，堤基中夹圆木桩加固，在上部使用加工过的石板条错缝顺砌，灰浆粘缝。该段河道南北宽20米，深约七八米。沉船残长12.7、宽2.4米，从船底板看应为平底船。

宿州段运河出土的文物，种类多、数量大，主要有瓷器、陶器、铜器、铁器、骨器、石器、琉璃器、玉器等，此外还有牛、马、猪等动物骨骼。瓷器所占比重最大，约占出土文物的85%。常见的器类有：碗、盏、罐、水盂、执壶、碟、钵、盘、洗、盆、粉盒、灯台、灯盏等生活用具；健身球、色子、围棋子、弹丸等文体用具；压舌板、药碾、碾轮等医类用品；狗、羊、雁、马、哨等玩具用品。经初步科学整理，瓷器产品可归属的窑系有：安徽的淮南寿州窑、萧县白土窑、淮北烈山窑；浙江的越窑、方坦窑；江西的吉州窑、景德镇窑；福建的建窑；湖南的长沙窑、岳州窑；河南的巩县窑、钧窑、鹤壁窑、界庄窑；陕西的耀州窑、黄堡窑；河北的磁州窑、定窑、邢窑等近20个窑口。在运河中出土的瓷器，涉及窑口之众，数量之大，器类之丰富，实属罕见。尤其是唐代巩县窑绞胎枕、三彩枕，唐代长沙窑褐釉象座枕，北宋磁州窑珍珠地花卉白釉钵，北宋定窑花口瓜棱腹小底青白瓷瓶等，造型典雅，工艺精湛，为不可多得的珍品。出土文物中，还有水晶坠饰、玉料、骨篦、骨笄、骨钗、骨梳、琉璃簪等装饰用品，以及礌石、石锚、砚台等，可谓洋洋大观。宿州段运河遗址的发掘，提供了大量的历史信息，对研究中国漕运史、商贸史、陶瓷史等增添了新的实物资料。

5-1-2-1　塘上嘉院隋唐大运河遗址发掘现场

5-1-2-2　西关街隋唐大运河遗址发掘现场

3

—

4

5-1-2-3　隋唐大运河遗址宿州段河床剖面图

5-1-2-4　青釉褐彩双系罐　唐

高13.2、口径7.4、底径7.8厘米

现藏安徽省文物考古研究所

5-1-2-5　青釉执壶　唐
高11.9、口径4.4、腹径6.5、底径4.9厘米
现藏安徽省文物考古研究所

5-1-2-6　白釉唇口碗　唐
高5、口径16.3、底径7.5厘米
现藏安徽省文物考古研究所

7
8
9

5-1-2-7　黑釉炉　唐
高5、沿边径9.5、足径4.5厘米
现藏安徽省文物考古研究所

5-1-2-8　三彩罐　唐
高6.5、口径7.8、足径4.9厘米
现藏安徽省文物考古研究所

5-1-2-9　三彩执壶、罐　唐
三彩执壶：高10.5、口径4.7、底径4.5厘米
三彩双系罐：高9.9、口径4.2、底径4.5厘米
三彩执壶：高8、口径3.7、底径3.7厘米
三彩执壶：高8.2、口径3.5、底径4厘米
现藏安徽省文物考古研究所

10
11
12

5-1-2-10　黄釉绞胎圆角长方形枕　唐
高6.4、枕面长12.4、宽8.4厘米
现藏安徽省文物考古研究所

5-1-2-11　酱釉象座枕　唐
通高7.5、枕面长12.5、宽7厘米
现藏安徽省文物考古研究所

5-1-2-12　三彩釉兔座枕　唐
通高6.9、枕面长14.1、宽8.6厘米
现藏安徽省文物考古研究所

5-1-2-13 白釉执壶 五代
高17、口径7.5、足径6.5厘米
现藏安徽省文物考古研究所

5-1-2-14 珍珠地花卉纹白釉钵 宋
高6、口径11.55、底径7.5厘米
现藏安徽省文物考古研究所

5-1-2-15　青白釉花口碟　宋

高4.5、口径13.8、底径4.3厘米

现藏安徽省文物考古研究所

5-1-2-16　青釉印花碗　宋

高7.3、口径20、底径5.5厘米

现藏安徽省文物考古研究所

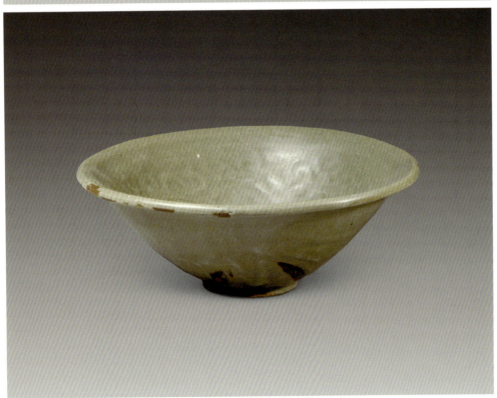

17
──
18

5-1-2-17 白釉瓜棱罐 宋
高9.2、口径10.3、腹径13.1、足径5.8厘米
现藏安徽省文物考古研究所

5-1-2-18 青白釉花口瓶 宋
高12.5、口径11.7、底径4.8厘米
现藏安徽省文物考古研究所

唐宋菁华

19
20
21

5-1-2-19　白釉炉　宋
高9、口径11.1、足径6.1厘米
现藏安徽省文物考古研究所

5-1-2-20　青白釉褐彩羊　宋
高6.5、长7.8厘米
现藏安徽省文物考古研究所

5-1-2-21　白釉褐彩少女抱鸳鸯瓷塑　宋
高5.6厘米
现藏安徽省文物考古研究所

5-1-2-22 素胎绞胎丸 宋
直径5.5厘米
现藏安徽省文物考古研究所

5-1-2-23 骨篦 宋
长13.5、宽5、厚0.5厘米
现藏安徽省文物考古研究所

5-1-2-24 骨钗、压舌板等 宋
骨钗：长23厘米
压舌板：长22.4、宽1.8、厚0.1厘米
现藏安徽省文物考古研究所

5-1-2-25 水晶坠 宋

高2.6、最大径1.5厘米

现藏安徽省文物考古研究所

5-1-2-26 玉料 宋

长7、宽4、厚3厘米

现藏安徽省文物考古研究所

27
28

5-1-2-27　石锚　宋

长38、宽22、厚15厘米

现藏安徽省文物考古研究所

5-1-2-28　礌石　宋

直径16厘米

现藏安徽省文物考古研究所

30

5-1-2-29 箕形陶砚 唐

高3、长15.5、宽9.5厘米

现藏安徽省文物考古研究所

5-1-2-30 端砚 宋

高5.7、长20.5、宽13.5厘米

现藏安徽省文物考古研究所

第二单元 古窑址

在安徽已发现的各种古代遗迹中，古窑址作为安徽轻工发展史上的重要见证而颇具特色。上世纪五六十年代，先后在淮南上窑镇、萧县白土镇以及皖南繁昌县城关镇等地发现了烧制瓷器的窑址。到了80年代，全省各地又有不少古窑址被发现、确认。考古资料表明，安徽地区瓷器生产约始于南北朝，发展到唐宋时期最为兴盛，到金元时期由于受到瓷都景德镇窑业勃兴的影响而衰败，前后持续了约800年，是中国古代陶瓷生产的中心之一。

第一组 寿州窑

我国六朝至唐代著名瓷窑之一。1960年淮南市博物馆发现该窑址，同年安徽省博物馆对其进行了调查。窑址分布于古寿州、濠州，东西长约80千米，主要集中在高塘湖、窑河沿岸。寿州窑创烧于南朝，繁荣于隋唐，渐衰于五代，延续约350年。寿州窑早期以烧制青釉瓷为主，唐代以首创黄釉瓷而著称于世，兼烧黑釉、茶紫、白瓷等。唐代陆羽《茶经》记载"寿州瓷黄，茶色紫"，概括出寿州窑的时代风格，列为唐代六大名窑之一。器形主要有四系壶、高足盘、小口罐、碗、盏、杯、盆、钵、盂、注子、枕、玩具及建筑材料等。寿州窑瓷器最早使用化妆土，在化妆土表面用蘸釉法施釉，釉色透明，玻璃质感强，釉面光润，有开片和剥釉现象。器物装饰手法多样，有刻花、印花、剔花、点彩、堆贴等，纹饰种类多样，以斑斓的褐色点彩装饰最美。寿州窑瓷器制法主要有轮制、模制和手制。圆形器物的胎体用轮制，柄和嘴流用模制，再用瓷泥粘合，玩具都用手制。窑具有匣钵、三岔或四岔支钉、托环、印模和支棒。

1979年2月，为配合基建工程，省博物馆对淮南市泉山瓷窑址进行了发掘。主要收获有，发现残瓷窑址1座，出土一批支钉窑具、碗坯和残瓷片，并在窑室内发现一枚背铸"鄂"字的开元通宝铜钱。残窑址由窑门、火膛、火道和窑室等构成，残长7.2、宽2.7米。窑室为馒头窑，用耐火土做成的坯块砌筑，平面呈椭圆形，拱券顶，底铺方砖。窑室与窑门、火膛、火道相通。窑内出土的铜钱，为唐会昌年间（841～

846年）制作。推测其窑址的年代约为唐代晚期。1998年3月，省文物考古研究所又在泉山淮南矿务局九十六处工地发掘一处窑址，发现残龙窑窑炉一座。该窑炉为东西向，顺山势由低向高处用砖建造，坡度8度，残长17.1、宽3.5米，是一座斜坡式龙窑，窑头方向282度。窑头已毁，推测原长度在20米以上。出土遗物有瓮、罐、坛等生活用具，以及匣钵、垫饼等窑具。该窑址时代为唐代。这些考古发现表明，当时的寿州窑曾在同一窑场使用馒头窑和龙窑来烧制不同的产品，以适应社会的需求。

寿州窑的产品主要行销于淮河中游地区，在墓葬中多见。寿州窑在中国陶瓷发展史上占有较为重要的地位，为国内外陶瓷研究者所瞩目。2001年国务院公布为全国重点文物保护单位。

1
——
2

5-2-1-1 寿州窑遗址

5-2-1-2 寿州窑遗址局部

5-2-1-3　青釉印花盘口壶　隋

高41.87、口径14.2、底径12厘米

1987年合肥市白水坝原八一齿轮厂墓葬出土

现藏安徽省文物考古研究所

5-2-1-4 青釉印花盘口壶 隋
高35、口径12、底径11.8厘米
1977年蚌埠东郊砖室墓出土
现藏蚌埠市博物馆

唐宋菁华

$\dfrac{5}{6}$

5-2-1-5　青釉四系罐　隋
高32.5、口径14.5、底径13.5厘米
1973年涡阳县隋开皇二十年（600）墓出土
现藏亳州市博物馆

5-2-1-6　青釉印花四系罐　隋
高9.8、口径6.3、足径4.8厘米
1978年六安苏南乡黄集窑征集
现藏六安市文物局

5-2-1-7　青釉四系鸡首壶　隋
通高23.3、口径6.5、底径8.5厘米
1985年望江县翠岭乡城兆村窑厂出土
现藏望江县文物管理所

5-2-1-8　黄釉璧足碗　唐
高4.3、口径14.9、足径7厘米
1984年长丰县大柿园鲍庄出土
现藏淮南市博物馆

5-2-1-9　青黄釉六桥系罐　唐
高23.6、口径13.1、底径14.5厘米
1987年淮南市唐山乡出土
现藏淮南市博物馆

5-2-1-10　黑釉注子　唐
高25.5、口径9.6、足径12.4厘米
1988年濉溪县陈集乡马沟村出土
现藏濉溪县文物管理所

5-2-1-11　黑釉漏花执壶　唐
高20、口径10、足径8厘米
20世纪70年代寿县出土
现藏寿县博物馆

12
—
13
—
14

5-2-1-12　黄釉戳印花圆角长方形枕　唐
高6.2～7.6厘米，枕面长13.6～16.4、宽11.1厘米
1997年蚌埠市长青乡施徐村出土
现藏蚌埠市博物馆

5-2-1-13　黄釉枕　唐
高8.5、长21、宽15厘米
现藏滁州市文物管理所

5-2-1-14　青釉贴花枕　唐
高7.9、长16.2、宽9.6厘米
现藏安徽省文物总店

第二组　繁昌窑

繁昌窑创烧于五代，北宋时以烧制青白瓷而著称，宋末废毁。前后经营达300多年，对景德镇等南方地区青白瓷的兴起曾产生过重要影响。窑址散布于繁昌县境内，其中以柯家冲窑和骆冲窑最具代表性。相传有柯氏兄弟在柯家冲始烧瓷，以"柯大柯二"碗而著称。该窑以一钵一器的仰烧法为主，早期使用过支钉烧造。产品以青白瓷为主，次为白瓷。由于烧制火候的高低和还原焰的不同，瓷釉呈现各种不同的青黄色，并有土黄青、豆黄青、米黄青、卵青、天青等色。产品有碗、盏、杯、碟、盆、罐、盒、执壶、盘等，多为民间实用器。器表装饰多素面，也有刻花、印花和剔花。其中荷花盏、盘口执壶、葵口杯等，造型优美，制作精良，为该窑的代表作。2002年9~11月，省文物考古研究所与中国科技大学联合对繁昌县柯家冲窑址进行发掘，面积500多平方米。发现北宋早期龙窑1座、作坊遗址1处，出土了大批窑具和瓷器标本。发现的龙窑窑址保存比较完整，窑址依山建造，坡度在20~24度之间。其水平长53.5、斜长57.5米，窑宽2~3米，窑墙为砖砌体，残高1.4米，窑室顶已塌落。整个窑可分为窑外工作面、操作间、窑头、窑身、窑尾、窑门等部分。窑床内保留有大量的成排成摞的匣钵，最多一摞有14个匣钵，一些匣钵内尚有未取出的瓷器。窑头火膛保存完整，火膛内有灰烬残迹。发现的作坊遗址包含练泥场地和瓷器成型作坊建筑基址两部分，炼泥场地有2座泥料过滤池，在成型作坊发现了外有四廊道房屋基址，还发现放置成型慢轮的圆形遗迹。出土的瓷器标本绝大多数为青白瓷，有的釉色较白。其时代多为北宋，作坊遗迹内出土的一些青白瓷器标本可早到五代。这次发掘，同时发现龙窑窑炉和作坊遗迹，并查明瓷土矿源地，这对研究南方地区宋代瓷器生产提供了重要实物资料。而五代时期青白瓷的发现，大大提早了我国烧制青白瓷的历史。繁昌窑的产品主要销于皖江地区，这一区域的墓葬中出土不少繁昌窑瓷器精品，甚为珍贵。繁昌窑址的发现与研究，对探索繁昌窑陶瓷生产史及其在南北瓷窑体系交流传播中的地位具有重要的价值。2001年国务院公布为第五批全国重点文物保护单位。

5-2-2-1　繁昌窑遗址局部

5-2-2-2　龙窑遗址

5-2-2-3　龙窑内匣钵堆积

5-2-2-4　青白釉莲蓬托盏　宋

通高8.7厘米，盏高5.5、口径10.6厘米，托高3.5、盘径16.5、底径6.2厘米

1984年6月繁昌50万电站出土

现藏繁昌县博物馆

5-2-2-5　青白釉仰莲形温碗　宋

通高24.2厘米，碗高15.5、口径17、底径10.5厘米，注高20.2、底径6.7厘米

1984年7月繁昌50万电站M11出土

现藏繁昌县博物馆

5-2-2-7　青白釉荷花形高足杯　宋
高8.4、口径9.8、底径5厘米
1984年7月繁昌50万电站M16出土
现藏繁昌县博物馆

5-2-2-8　青白釉提梁瓜棱壶　宋
通高20、口径5.6、腹围54.5、底径8.6厘米
1988年安庆地区文物管理所移交
现藏桐城市博物馆

5-2-2-9　青白釉盘口瓶　宋
高37.1、口径11.5、底径9.8厘米
1964年宿松县北宋元祐二年（1087）墓出土
现藏安徽省博物院

5-2-2-10　青白釉瓜棱盖罐　北宋
高14.9、口径8、足径8.2厘米
1964年宿松县北宋元祐二年（1087）墓出土
现藏安徽省博物院

第三组　萧窑（白土窑）

萧窑，窑址在安徽萧县白土镇，故又名白土寨窑，因盛产白瓷土而著称。该窑创烧于唐，极盛于北宋，衰于元代。萧窑为古代大型窑场，相传其极盛时曾建窑72座。窑群主要分布在今镇粮站南、文化馆门前、南门及镇南夏村等处，总面积约数万平方米。萧窑瓷器胎质细腻坚硬，各色釉均用化妆土衬底，使用蘸釉法施釉。唐代除烧黄瓷外，兼烧白瓷和黑瓷。其中，黄瓷产品均为平底碗，胎体厚重，胎质不纯，釉色黄中闪绿，其釉色和产品造型与寿州窑相似。宋代后以烧白瓷为主，瓷质较唐、五代时期光润细腻，白中微带粉白色或稍带青色。当时还烧制了绿釉和豇豆红两种产品，绿釉为菠菜色，豇豆红近于北方豇豆本色，其釉色莹润，釉面细腻均匀，色彩艳丽胜于白釉。此外还出现一种天青色釉，釉色极淡，白中微带浓淡不一的天青色和铁质黑色小斑点。金代所烧白瓷，胎质较细，釉面不平，有起泡、崩釉现象，器皿除碗外，还有枕、双耳罐等，其中底足宽而边浅、口径大而壁侈的碗，是当时一种较特殊造型。金代萧窑烧瓷除白釉外，还有黑釉、白釉黑花、黄釉等品种，瓷器装饰方法有划花、印花、墨彩画花、剔花等。划花多用于瓷枕上，白地绛红色花，纹饰清晰；印花多用于瓷枕两侧端；墨彩画花绘于盆、罐、碗的釉层表面，浓者为黑色，淡者为铁棕色或淡黑色；剔花为特殊工艺，在白色化妆土上剔出花纹，然后施釉入窑焙烧，呈现出豇豆红

色地，白色土花纹，温馨淡雅。

该窑产品多系民用生活用具，有碗、盘、罐、枕，另有佛像、佛像砖，有彩瓷瓦当、兽头等建筑构件，有马、牛、羊、猴、狗、蛙等玩具。出土的窑具有弧形垫托、三岔支托、支钉、支棒和匣钵等，大约使用了垫烧、覆烧和匣钵装烧。该窑烧瓷早期用柴，宋元丰时已改用石炭（煤）作燃料。窑址废墟中有很厚的煤渣层，应是用煤烧瓷的证据。

萧窑曾是古代徐淮海地区的产瓷中心，产品曾畅销今苏鲁豫皖地区，在大运河通济渠安徽段、涡阳天静宫等遗址中出土有萧窑瓷器，在墓葬中也常见，产品享有盛誉。南宋洪迈《夷坚志》载："萧县白土镇白（瓷）器凡三十余窑。窑户多邹姓，有总首。其陶匠约数百人，制作颇佳。"萧窑历经唐、五代、宋、金、元，长达700多年。它作为一处民间窑场，在各个时期融合了北方其他名窑的先进技术工艺和特点，兼收并蓄，产品质量不断提高。如早期产品深受寿州窑的影响，宋代白瓷既有定窑的特征，又有浓郁的磁州窑白釉刻花风格，至金代磁州窑白釉黑花瓷又直接影响到该窑的生产。此外，该窑创烧的绿釉、豇豆红两色瓷，对后世的窑业生产也产生很大的影响。萧窑历史悠久，产量大，销售范围广，在中国古代陶瓷史上占有重要的地位。1961年被安徽省人民政府公布为全省重点文物保护单位。

1
—
2

5-2-3-1　窑变釉罐　唐
高29.3、口径18.2、底径13厘米
1985年萧县白土镇萧窑出土
现藏萧县博物馆

5-2-3-2　白釉褐彩"八仙馆"壶　宋
高26.9、口径5.3、底径7厘米
1985年萧县白土镇萧窑出土
现藏萧县博物馆

5-2-3-3 白釉褐彩碗 金

高12、口径25、底径7.5厘米

1973年亳州杨楼乡出土

现藏亳州市博物馆

5-2-3-4　瓷俑及动物模型　宋
黄牛：高4.9、长4.3厘米
羊羔：高3.1、长4.2厘米
酱釉瓷鸭：高3.8、长5厘米
水牛：高3、长4.2厘米
酱釉小桶：高3.8、口径3.6、底径2.5厘米
1985年萧县白土镇萧窑出土
现藏萧县博物馆

5
—
6

5-2-3-5　黄釉佛龛密檐塔饰　金
高11、底边长4厘米
1985年萧县白土镇萧窑出土
现藏萧县博物馆

5-2-3-6　黄釉佛龛砖　宋
通高12.4厘米，砖高6.5厘米，顶面长15.7、宽15厘米，底面长15.6、宽8厘米
1985年萧县白土镇萧窑出土
现藏萧县博物馆

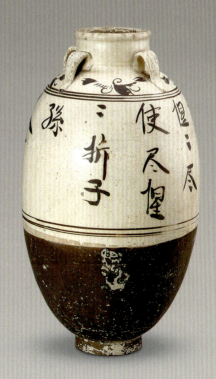

第三单元　**重要墓葬考古发现**

　　建国以来，隋唐墓葬在无为、合肥、长丰、亳州、肥东、巢湖、六安等地均有发现，多属中小型。出土文物以瓷器为大宗。合肥、亳州隋墓出土一批陶俑，有仪仗俑、胡人、骑俑、骆驼、武士、女侍、跪拜俑、镇墓兽及动物模型等，姿态各异，造型逼真。合肥市唐开成五年（840年）墓、巢湖市唐会昌二年（842年）墓及六安县唐乾符三年（876年）卢公夫人墓，均为纪年墓，具有重要的研究价值。

　　宋代墓葬发现较多，影响较大。除了本展览展出的几座外，重要的有：1955年发现的绩溪宋代墓，1963年发现的宿松北宋元祐二年（1087年）墓，1964年发现的亳州大杨河工地宋代墓，1978年发现的祁门县茶科所基建工地砖室墓，1986年发现的宿松佐坝乡栗树村北宋庆历七年（1047年）砖室墓，1994年发现的宿松东郊北宋天圣三年（1025年）墓等，这些墓葬出土器物精美，为难得的艺术精品。

第一组　合肥北宋包拯家族墓

　　包拯，字希仁（999~1062年），庐州合肥人，官至北宋枢密副使，卒于开封，归葬合肥。包拯家族墓包括原位于合肥东郊的大兴集，所在地势南高北低，主墓前侧有墓冢10多座。《合肥县志》载："参政包孝肃公拯墓，在县东十五里，自子繶下皆祔葬。"包拯家族茔地南北宽52米，东西长64米，包括包拯夫妇迁葬墓、长子包繶夫妇墓、次子包绶夫妇墓及长孙包永年墓等。南宋初，墓被金兵破坏，棺木和墓志移至西北30米的卑下处。庆元五年（1199年），南宋淮西路官员把包拯夫人董氏墓当做包公墓重新修

茸，供人瞻仰。1973年因合钢扩建厂房，对包拯家族墓地进行了抢救性发掘。包拯夫妇的两个墓室最大，一前一后，墓前列有墓冢10多座，为其子孙墓。包拯墓室为砖石结构，早年曾遭破坏，除墓志外仅出土一件额头上有"王"字的木俑。总计出土包拯、夫人董氏、长媳崔氏、次子包绶、次媳文氏、长孙包永年等6人墓志，墓志中详细记载了包拯夫妇生平及其子孙衍生等情况，是十分珍贵的文字史料。其中包拯墓志呈正方形，边长1.26、厚0.14米。墓志盖上阴刻"宋枢密副使赠礼部尚书孝肃包公墓铭"16个篆字，墓志

铭有3200多字，比《宋史·包拯传》的字数还多。包拯子孙的墓未遭破坏，可随葬品很少，仅50多件，亦甚平常。这与"仕官有犯赃滥者，生不得放归本家，死不得葬大茔"的包拯家训严教有关。包拯家族墓的发掘，为研究包拯生平事迹及北宋家族埋葬制度有着重要的历史价值。

5-3-1-1　抄手歙砚

高2、长17、宽10.8厘米

现藏安徽省博物院

5-3-1-2 "朱昱印章"铜印

通高2.8、印面径4厘米

现藏安徽省博物院

$$\frac{3}{4}\frac{}{5}$$

5-3-1-3　青白釉钵
高5.9、口径17.4、底径5.5厘米
现藏安徽省博物院

5-3-1-4　青白釉印花碗
高4.5、口径13.7、底径3.8厘米
现藏安徽省博物院

5-3-1-5　黑釉碗
高5.9、口径12.5、底径3.7厘米
现藏安徽省博物院

5-3-1-6　黑釉四系罐
高15.5、口径10.6、底径8.3厘米
现藏安徽省博物院

5-3-1-7　包银青白釉莲瓣形盒
通高4.5、口径8.5、底径6厘米
现藏安徽省博物院

5-3-1-8　包拯墓志盖（拓片）

长123、宽122、厚13厘米

现藏安徽省博物院

第二组 合肥马绍庭夫妇合葬墓

1988年初，在合肥城南乡五里冲村发现了北宋晚期马绍庭夫妇合葬墓。该墓为竖穴土坑墓，长3.75、宽2.1、深2.89米。坑内并列两棺，男左女右，棺为楠木制作。在棺外的南端埋有青石墓碑（志）1方。碑作长方形，长1.5、宽0.8米，正面阴刻楷书体字4行，共38字。从左往右竖排。"政和戊戌三月甲申，宋太师舒国公孙马少庭同妻大丞相文穆公孙吕氏墓，男滂沔注汲谨刻记"。据《宋史·马亮传》记载，亮父马泽因子贵，赠舒国公。马亮字叔明，合肥人，以太子少保致仕，卒赠尚书右仆射，谥曰："忠肃"。男棺内出土一方铜质印章，上有阳文篆书"忠肃之后"，恰恰印证了文献记载。又据《宋史》记载，北宋名臣吕蒙正，曾被册封为"文穆公"。吕、马两名臣的后人联姻，为宋代名人家族史提供了丰富的资料。该墓出土大量珍贵的文物，有毛笔、歙砚、徽墨、金器、漆器、铜器、围棋子、瓷器等，都是难得的佳品。其中，"九华朱觐"墨和"歙州黄山张谷"墨基本完整，均为名家制造，属于在制墨史上享有盛誉的北宋徽墨，为国宝级文物。

5-3-2-1 "忠肃之后"铜印
通高4.5、印面4.1×3.7、厚1.9厘米
现藏合肥市文物管理处

$\dfrac{2}{3}$

5-3-2-2　铜钵
高7、口径17厘米
现藏合肥市文物管理处

5-3-2-3　铜盏托
上下贯通，一体。高4、上口径7.9、下口径13.7、底径5.9厘米
现藏合肥市文物管理处

4
—
5

5-3-2-4 "广寒宫"铜镜
直径17.5厘米
现藏合肥市文物管理处

5-3-2-5 长方形抄手端砚
高3.4、长19.2、上宽12.6、下宽13.2厘米
现藏合肥市文物管理处

5-3-2-6 "黄山张谷""九华朱觐"墨

左"黄山张谷"墨：长25.5、宽5、厚1.4厘米

右"九华朱觐"墨：长21、宽3.4、厚0.7厘米

现藏合肥市文物管理处

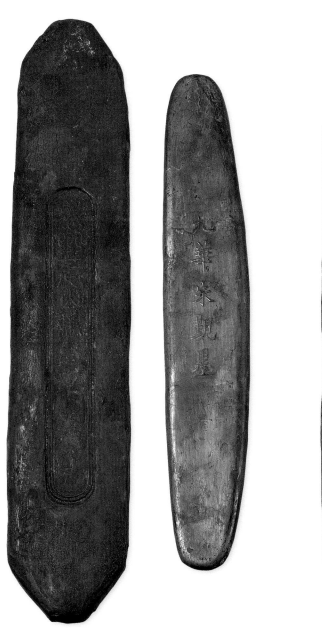

5-3-2-7　青白釉斗笠碗
高4.6、口径13.9、底径3.4厘米
现藏合肥市文物管理处

5-3-2-8　黑釉兔毫盏
高5、口径14.3、底径3.8厘米
现藏合肥市文物管理处

5-3-2-9　竹管毛笔
通长19.5~21、笔杆径0.8~1、笔套径1.8~1.9厘米
现藏合肥市文物管理处

5-3-2-10　长方形歙砚
高3.5、长22.1、上宽12.3、下宽13厘米
现藏合肥市文物管理处

5-3-2-11　漆砚
通高2.2、口径15.7、底径11.8厘米
现藏合肥市文物管理处

12

13

5-3-2-12　漆文具盒
通高6.6、长28.3、宽6.7厘米
现藏合肥市文物管理处

5-3-2-13　漆粉盒
高5.6、直径4.8厘米
现藏合肥市文物管理处

5-3-2-14　青白釉菊花形粉盒
通高5.4、口径11.2、底径6.7厘米
现藏合肥市文物管理处

5-3-2-15　青白釉盂
高4、口径4.7、底径2.9厘米
现藏合肥市文物管理处

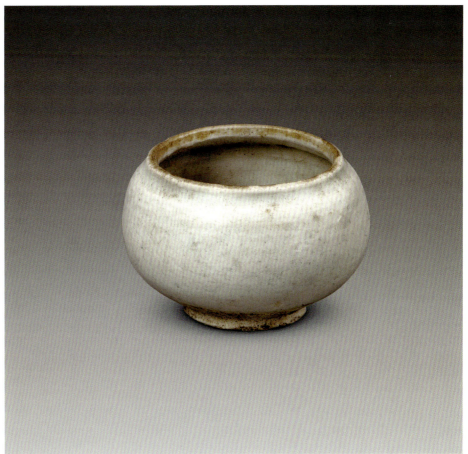

第三组　休宁南宋朱晞颜夫妇墓

休宁县城关南宋工部侍郎朱晞颜夫妇墓，1952年发掘。出土圹志一方，篆书题额"宋故修史工部侍郎朱公圹志"，志文楷书，598字。据志文记载，朱晞颜系徽州休宁人，生于绍兴五年（1135年），官至工部侍郎兼实录院同修撰，兼知临安府，卒于宁宗庆元六年（1200年），享年六十六岁。其妻父为素有"宋代苏武"之誉的洪皓，其女为南宋名臣汪纲之妻，可谓数代名宦集于家门。墓志描述了墓主丰富的人生经历，可补史料之缺。墓葬出土丰富，金器有杯、盘、盏等，玉器有卣、杯、带板及玛瑙洗等，其他有银锭、砚台等。此墓年代明确，所出金器、玉器工艺精湛，造型精美，应出自宫廷工匠之手，具有断代意义，是研究南宋时期物质文化极为珍贵的资料。

5-3-3-1　葵花形金盏

高5、口径10.6、足径4.4厘米

现藏安徽省博物院

5-3-3-2　六棱金杯
高5.5、口径9.1、足径4厘米
现藏安徽省博物院

5-3-3-3　六棱金托盏
高1.6、口径17.6、底径13厘米
现藏安徽省博物院

唐
宋
菁
华

$\dfrac{4}{5}$

$\dfrac{6}{}$

5-3-3-4　玛瑙杯

高2.8、口径9.7厘米

现藏安徽省博物院

5-3-3-5　青玉杯

高6、口径10.24、底径4.5厘米

现藏安徽省博物院

5-3-3-6　兽面玉卣

高6.85、口径3.05～3.7、底径2.5～4厘米

现藏安徽省博物院

5-3-3-7 素面玉带板

带环：长6.7、宽5.98、厚0.78厘米

长方銙：长4.3～4.38、宽3.75～3.9、厚0.78～0.8厘米

小铊尾：长3.2、宽4.02、厚0.78厘米

大铊尾：长7.53、宽4.02、厚0.72厘米

现藏安徽省博物院

$\dfrac{8}{9}$

5-3-3-8　汪四郎银锭
长11.2、宽7.5、厚1.4厘米
现藏安徽省博物院

5-3-3-9　圆形三足歙砚
通高2.5、直径13.2、足高0.7厘米
现藏安徽省博物院

第四单元
其他出土文物精品

隋唐宋时期为中国历史上经济发达、文化辉煌时期，留下来许多值得后人珍赏、赞叹的文物。除了集中出土于大型遗址、墓葬的以外，也有一些小型遗址、墓葬以及其他零星出土，本单元选撷了一批建国以来出土的文物精品予以展示。

第一组　瓷器

5-4-1-1　长沙窑青釉褐彩瓷钵　唐
高9.7、口径17.3、足径10.5厘米
1991年安庆十里乡白山嘴队出土
现藏安庆市博物馆

唐宋菁华

5-4-1-2　长沙窑釉下褐彩直口罐　唐
高22、口径9.5、底径8.1厘米
1984年文物普查时在安凤乡征集
现藏枞阳县文物管理所

5-4-1-3　长沙窑青釉点褐彩执壶　唐
高28.7、口径10.7、底径13.7厘米
2003年望江县出土
现藏望江县博物馆

5-4-1-4 长沙窑彩绘执壶 唐
通高28.8、口径5.5、底径9厘米
1976年凤台茨淮新河工地出土
现藏蚌埠市博物馆

唐宋菁华

$\dfrac{5}{6}$

5-4-1-5 越窑青釉球形脂盒 唐
高8、口径7.3厘米
1984年六安县唐乾符三年（876）墓出土
现藏皖西博物馆

5-4-1-6 越窑青釉海棠式碗 唐
高5.2、长14.3、宽10.2厘米
1979年肥东县长临镇出土
现藏肥东县文物管理所

5-4-1-7　白釉三鱼纹钵　唐
高3.2、口径13.2、足径5.5厘米
1984年六安县唐乾符三年（876）墓出土
现藏六安市文物局

5-4-1-8　白釉四出筋花口浅圈足碗　唐
高7.4、口径24.7、底径11.8厘米
1974年阜阳西郊砖室墓出土
现藏阜阳市博物馆

5-4-1-9　白釉海棠式碗　唐

高4.6、口长径16.4、口短径9.4厘米

1992年无为县蜀山镇白湖窑厂出土

现藏无为县文物管理所

5-4-1-10　青白釉注子温碗　宋

通高25.2厘米，执壶高22、足径8.8厘米，温碗高13.9、口径17.1、足径9厘米

1963年宿松北宋元祐二年（1087）墓出土

现藏安徽省博物院

$\dfrac{11}{12}$

5-4-1-11　青白釉带盖执壶　北宋
高23、口径4.6、腹围41厘米
1980年黄山区甘棠镇黄泥巷出土
现藏黄山区博物馆

5-4-1-12　青白釉贴花盘口执壶　宋
高17.4、口径8、足径9厘米
1984年怀宁县枫林乡太庙村出土
现藏怀宁县文物管理所

5-4-1-13 青白釉刻划花炉 宋
高21、口径14.6厘米
1994年枞阳县横埠镇横埠村墓葬出土
现藏枞阳县文物管理所

5-4-1-14 青白釉印花梅瓶 宋
高24.5、口径3.8、腹围16.2、底径8.7厘米
1980年泾县包合乡合溪村出土
现藏泾县文物管理所

5-4-1-15 青白釉刻花梅瓶 宋
高27、口径5.2、腹围48.8、底径8.0厘米
2011年滁州市西涧路项目工地宋墓出土
现藏滁州市文物管理所

5-4-1-16　青白釉香熏炉　宋

通高23、炉沿径16、底径11.5、炉体高16、盖高7.1厘米

1984年庐江轮窑厂宋墓出土

现藏庐江县文物管理所

17
―――
18

5-4-1-17　青白釉褐彩枕　宋
高10.7、长18、宽15.8厘米
1988年安庆地区文物管理所移交
现藏桐城市博物馆

5-4-1-18　景德镇窑青白釉刻划孩儿纹枕　宋
高10.1、长22.5、宽11.5厘米
1986年泾县百元乡岩潭村出土
现藏泾县文物管理所

安徽重要考古成果展

建国60周年

唐宋菁华

5-4-1-19　青白釉箫　宋
长21、上口径2.5厘米
1991年护城窑厂出土
现藏望江县文物管理所

5-4-1-20　米黄釉狮形瓷塑　宋
高10.4、底径5.8厘米
1973年铜陵市火车站基建工地出土
现藏铜陵市博物馆

第四单元　其他出土文物精品

5-4-1-21 景德镇窑青白釉褐彩仙人吹笙执壶 宋
高19.3、口径2.5、底径9.5厘米
1994年宿松县北宋天圣三年（1025）墓出土
现藏宿松县文物局

5-4-1-22 白釉人形执壶 宋
高22.2、腹径9.4、底径9.5厘米
1971年怀宁雷埠乡腾云村砖室墓出土
现藏怀宁县文物管理所

5-4-1-23 紫定金彩瓶 宋

高18.1、口径17.1、底径8厘米

1982年肥西将军岭乡李岗村出土

现藏合肥市文物管理处

5-4-1-23 紫定金彩瓶 宋

5-4-1-24　龙泉窑青釉瓶　宋
高17.5、口径6.2、底径7.5厘米
六安市出土
现藏六安市文物管理所

5-4-1-25　龙泉窑青釉碗　宋
高3.8、口径12、底径6.5厘米
1986年桐城县毛河乡毛河村出土
现藏桐城市博物馆

唐宋菁华

5-4-1-26　白地黑花虎形枕　宋
高9.5、长31、宽14.5厘米
1963年太和县城出土
现藏阜阳市博物馆

5-4-1-27　绿釉蕉叶纹枕　宋
高11.2、长37.7、宽15.8厘米
现藏歙县博物馆

5-4-1-28　白地黑花枕　宋
高9.6、长22.8、宽12厘米
1973年当涂县查湾乡出土
现藏当涂县文物管理所

5-4-1-29 吉州窑白地褐彩开光花草纹梅瓶 宋

高16.5、足径5.8厘米

1984年潜山县彰法山出土

现藏潜山市博物馆

唐宋菁华

5-4-1-30　绿釉刻直线纹钵　宋
高7.3、口径10.4、底径4.8厘米
1992年青阳县新河镇滕子京家族墓
出土
现藏青阳县博物馆

5-4-1-31
彭州窑青釉白彩莲瓣纹罐　宋
高16、口径8.2、底径6.5厘米
1989年枞阳县龙桥团山村砖室墓
出土
现藏枞阳县文物管理所

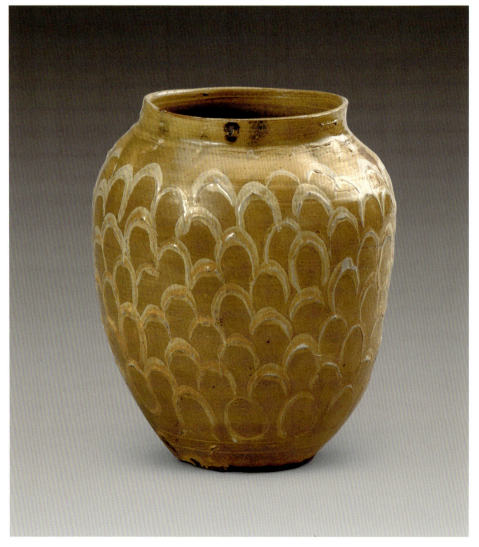

5-4-1-32　黑釉金线双耳罐　金

通高14.7、口径10.8、腹围13.9、底径6.7厘米

1992年涡阳县闸北镇界洪河胡六村出土

现藏涡阳县文物管理所

5-4-1-33　钧釉钵　金

高6.1、口径11.4、足径4.6厘米

1969年临泉县兽庄出土

现藏阜阳市博物馆

1
—
2

5-4-2-1　"宜子孙"钟形金饰　唐
高2.3、最宽1.8厘米
1955年合肥西郊乌龟墩砖石墓出土
现藏安徽省博物院

5-4-2-2　施建宝塔金牌　宋
长13.4、宽3.1厘米，重7克
1967年青阳县城关镇红旗街宋塔地宫出土
现藏安徽省博物院

5-4-2-3 双龙金香囊 宋
长7.8、宽6.5厘米
1958年宣城西郊窑场出土
现藏安徽省博物院

5-4-2-4 太平通宝金币 宋
直径2、厚0.15厘米、重3.8克
1984年六安县青山乡青山村墓出土
现藏六安市文物管理所

唐宋菁华

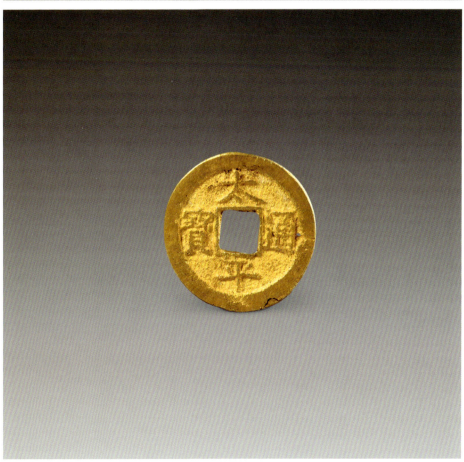

5-4-2-5 铜鎏金佛塔 宋

通高32.5、刹高19.8、座边长13厘米

1967年青阳县城关镇红旗街宋塔地宫出土

现藏安徽省博物院

5-4-2-6　捶揲金棺　宋

高4.2～7.8、长10、宽3～6厘米，重91.5克

1977年安徽省寿县城内崇禅寺塔基地宫出土

现藏寿县博物馆

5-4-2-7　鎏金八仙祝寿银盘　宋
高0.5、口径17厘米，重114克
1981年宁国县政府基建工地出土
现藏宁国市文物管理所

5-4-2-8　鎏金乐会莲花银杯　宋
通高5.5、口径7.5厘米，重73克
1981年宁国县政府基建工地出土
现藏宁国市文物管理所

5-4-2-9　武士银像　宋

高11.5厘米

2002年广德县新杭方村斗庄出土

现藏广德县文物管理所

5-4-2-10 武士银像 宋
高11.5厘米
2002年广德县新杭方村斗庄出土
现藏广德县文物管理所

5-4-3-1　马毬图铜镜　唐
直径19.4、镜缘厚0.9厘米
1984年怀宁县雷埠乡出土
现藏怀宁县文物管理所

唐宋菁华

2
—
3

5-4-3-2　龙凤鸳鸯铜镜　唐
直径14.7、镜缘厚0.8厘米
1985年灵璧县金斗宫山北麓出土
现藏灵璧县文物管理所

5-4-3-3　禽兽葡萄纹铜镜　唐
直径11.9、镜缘厚0.7厘米
1984年宣城县杨柳乡合山村出土
现藏宣城市博物馆

唐
宋
菁
华

5-4-3-4 景云二年弥勒佛造铜像 唐
高8.3、宽3.1厘米
1988年肥东县撮镇大实村出土
现藏肥东县文物管理所

5-4-3-5 "副统之印"铜印 金
通高5.2、印面6.8×6.8厘米
1978年凤台县焦岗村湖农场出土
现藏淮南市博物馆

5-4-3-6 "提控之印"铜印 金

印面7.5×7.6厘米

1974年凤台县粮食局楼基工地大厦出土

现藏阜阳市博物馆

5-4-3-7 "汝阴县印" 铜印 金
印面6×6厘米
1974年凤台县粮食局楼基工地大厦出土
现藏阜阳市博物馆

1
—
2

5-4-4-1　箕形歙砚　唐
长20、上宽11、厚3.5厘米
1976年合肥唐开成五年（840）墓出土
现藏合肥市文物管理处

5-4-4-2　"香"字款墨　宋
2007年巢湖市体育场宋墓出土
现藏巢湖市文物管理所

5-4-4-3　眉纹枣心歙砚　宋

长21.3、宽13.5、厚2.5厘米

1953年安徽省歙县小北门宋代窖藏出土

现藏安徽省博物院

4
—
5

5-4-4-4　水晶带扣　宋
长8.8、宽5.2、厚0.9厘米
1984南陵县黄塘乡冲梗村宋墓出土
现藏南陵县文物管理所

5-4-4-5　蓝色玻璃瓶　宋
高12.2、口径4.6、底径7厘米
1971年无为县城关宋塔地宫出土
现藏安徽省博物院

5-4-4-6　葫芦形玻璃瓶　宋
通高8.5、口径1.2、底径4.3厘米
1977年寿县报恩寺宋塔出土
现藏寿县博物馆

5-4-4-7　金釦玛瑙碗　宋
高5.9、口径13.2、底径7.5厘米
1972年安徽省来安县相官公社出土
现藏安徽省博物院

元明清是我国封建社会的最后阶段，其政治、经济、文化等方面均达到了新的高峰。元明清时期，安徽经济繁荣，文化发达。安徽是明代开国皇帝朱元璋的家乡，涌现出一大批重臣贤达，留有墓葬等重要遗迹。明清时期，徽商崛起，足迹遍及全国，徽州文化与桐城派文风帜盛，相得益彰，享誉海内。反映这一时期的重要考古发现主要有：歙县、繁昌、寿县、合肥等地的瓷器窖藏，出土有枢府瓷、元青花和各类珍贵的彩瓷，合肥出土的元代金银器窖藏，有"庐州丁铺"、"章仲英造"、"至顺癸酉"等字样，是研究元代经济及金银器制作水平的重要实物资料；此外，蚌埠汤和墓、嘉山李贞墓、凤阳严端玉墓、歙县明墓以及东至明代玉带板窖藏等，出土有大量的瓷器、金银器、玉器等，工艺精湛，精美绝伦，凸显出皇家及官府的富贵之气；至清代，各地仍有许多瓷器、玉器、金银器等文物精品出土，对研究当时的经济文化有着重要的价值。

第六部分　元明清辉

第一单元

重要墓葬考古发现

建国以来，虽然元明清时期的墓葬发掘数量不多，但有不少墓葬影响大，出土器物十分精美。如安庆元代范文虎夫妇合葬墓、六安嵩寮岩元代墓、明代开国功臣汤和墓、嘉山明代李贞夫妇墓等、歙县元代元统三年（1335年）石刻画像墓、淮南大通砖厂元代砖室墓、合肥三孝口余庄明代墓、蚌埠金光钢厂明代墓等，也都蕴藏着丰富的文物信息及历史文化内涵。

第一组　安庆元代范文虎夫妇墓

1956年4月，在安庆市棋盘山发现元代范文虎夫妇墓。墓葬为砖室墓，券顶，全长4.5、宽5米，中有界墙一道，分为东西两室，男东女西。男室为一椁一棺，女室为单棺。男室有长方形圹志一方，刻字两行，中行为宋体字，据考证为"尚书省右丞商议枢密院事提调诸卫屯田通惠河道事范文虎之圹"，右行真书"大德五年六月吉日立"。女室墓志一方，楷书三行，中行"先妣太夫人陈氏之墓"，右行"命系丙戌年正月十七戌时建生于"，左行"大德九年乙巳八月十四日午时倾世"。墓志表明，墓主为南宋降元将领范文虎夫妇。据文献记载，范文虎原为南宋殿前副都指挥使知安庆府，后降元，官至尚书省右丞。墓葬出土遗物以铜器、玉器、金银器为主，计500余件。玉器有玉带板、玉押印、玉饰、玉尊、玉圭、玉佩等，金银器有金十字、金钱、金饰、金冠、金花、银饰、银手钏等，铜器有铜佛像、鎏金带头、铜盒、铜炉、其他有瓷碗、瓷罐、木柜、香木、木朝笏、铁猪、铁牛以及佛珠、残木梳、残镜等。该墓出土的玉器和金银器比较珍贵，为研究当时的手工艺品制作工艺技术提供了重要实物资料。

$\dfrac{1}{2}$

6-1-1-1　贯耳玉瓶
通高7.1、口径2.75~3.25、底径2.62~4.45厘米
现藏安徽省博物院

6-1-1-2　桃形玉饰
高3.8、宽4.15、厚0.66厘米
现藏安徽省博物院

元明清辉

3
4

6-1-1-3　虎纽玉押
高2.7、边长3.5厘米
现藏安徽省博物院

6-1-1-4　青白釉菊瓣纹碗
高10.2、口径17、足径5.3厘米
现藏安徽省博物院

6-1-1-5　金冠

高4.4、长13.7、宽8厘米

现藏安徽省博物院

6-1-1-6　金饰

现藏安徽省博物院

元明清辉

6-1-1-9　铜佛
高3.6、宽2.5厘米
现藏安徽省博物院

6-1-1-10　铁牛
高10.7、长24.0厘米
现藏安徽省博物院

第二组 六安嵩寮岩元代墓葬

1981年六安市嵩寮岩乡花石嘴发现两座石室墓。两墓墓室均在红砂岩石中凿成，竖穴长方形坑，相距约0.7米。墓室尺寸大体相近，长2.7～2.75、宽1.06～1.1、深1米。以砂岩作壁、底，上用石板封顶。出土各类文化遗物45件。其中金器6件，多为金钗；银器31件，有盘、钵、杯、勺、唾盂、器盖、洗、奁、粉盒、粉缸、胭脂碟、胭脂罐、粉盂、托盘、托盏、香囊、佩饰以及鎏金银香囊等；铜器5件，有圆形镜、菱花镜、有柄镜、发簪、粉具等；其他有木梳、角梳、残漆盘及40枚宋代铜钱。不少银器采用捶打、錾刻、线刻、模铸等工艺，器物表面錾刻凤凰和栀子花、萱草、梅花、海棠、芙蓉、菊花等花卉图案，显得十分精美。其中人物凸花银杯与托盘，托盘内底突出四个儿童游戏于折枝草中，银盏周壁饰突起的盛开花朵，两儿童攀附于侧，一童立于盏心，颇具匠心。菱形刻花百子银奁，分器盖、上格、中格、底部四层，盒、奁四周刻细如发丝的花草纹饰，反映了当时银器制作工艺的精湛技术。在这批银器中，银勺和錾花银胭脂碟上有压印的"顾玉郎"款记，分别出自两个墓葬，这表明两墓属于夫妻合葬，而"顾玉郎"应为制作这批金银器的工匠或作坊主人。

6-1-2-1 缠枝雕花金钗
长17.5厘米，共重95克
现藏六安市文物局

元明清辉

6-1-2-2　筒状银奁
通高24.8、底径20.6厘米，重2070克
现藏六安市文物局

6-1-2-3　莲花银盏和托盘
通高7.4、口径8.7、底径9厘米，重280克
现藏六安市文物局

6-1-2-4 雕花银盏和托盘

通高6.6厘米，盏高1.5、口径8.5、底径3.6厘米，盘高1.5、

口径18.5、底径14.2厘米，重332克

现藏六安市文物局

元明清辉

$\dfrac{5}{6}$

6-1-2-5　蝴蝶形银香囊
长6.5厘米，重19克
现藏六安市文物局

6-1-2-6　坛形银盒
通高5、口径2、底径4.5厘米，重46克
现藏六安市文物局

6-1-2-7　罐形银盒

高5.8、口径5、腹径6.8、底径4厘米，重70克

现藏六安市文物局

元明清辉

6-1-2-8　笆斗形银粉盒
高5.5、口径6.1、底径4厘米，重55克
现藏六安市文物局

6-1-2-9　银粉盒
高5.8、口径7.3、底径7.3厘米，重123克
现藏六安市文物局

第三组 蚌埠明代汤和墓

汤和,字鼎臣,生于元泰定三年(1326年),凤阳人,与明太祖朱元璋为同乡好友。元末随朱元璋起义,屡建战功,官至信国公,洪武二十八年(1395年)卒于凤阳,死后封东瓯王,谥襄武,葬于安徽蚌埠市东郊曹山。汤和墓坐北朝南,居高临下,气势壮观。墓前南端有长225米的神道。神道碑在最南端,神道两侧对称排列着一组造型生动、雕刻精细的石像生,有马、牵马人、跪羊、坐虎、文臣、武士、望柱7对。1973年因修建公路进行抢救性发掘,是目前所发掘唯一的明初异姓王的墓葬。该墓原有残存封土7层,由三层碎石加砂、三层黄土交替筑成,第七层为一层白灰泥。墓室整体凿山而建,墓坑南北长10.4、东西宽5.8、深6.2米。前有斜坡墓道,长约5.2、宽约4.1米。墓室为大型单券式砖石结构,分前后二室并附一侧室。后室门外有一方形石圹志,篆书题名"东瓯襄武王汤公圹志",校正了《明史·汤和传》的几处错误,具有重要的史料价值。该墓曾遭多次盗掘扰乱,出土文物仍较丰富,计有金、银、铜、瓷、陶、木、玉等质地器物百余件。其中,青花双兽耳大瓷罐、金贴花、银壶、银香炉、银锁及玉佩件等都有极高的艺术价值。

6-1-3-1 玉佩件
大云形:长8.7、宽3.9厘米
小云形:长5.8、宽3.4厘米
璜形:长4.3、宽1.7厘米
长方形:长5.1、宽3.4厘米
现藏蚌埠市博物馆

6-1-3-2　青花双兽耳大罐

高47.5、口径15.6、腹径32.8、底径18.6厘米

现藏蚌埠市博物馆

6-1-3-3 白釉荷叶盖罐
高31、口径14.6、腹径28.7、底径11.2厘米
现藏蚌埠市博物馆

6-1-3-4　银壶

通高13.2、口径3.9厘米

现藏蚌埠市博物馆

6-1-3-5　银杯

通高6.3、口径6.6、足径4.5厘米

现藏蚌埠市博物馆

6-1-3-6　银香炉

通高13.5、口径7.2厘米

现藏蚌埠市博物馆

7
—
8
—
9

6-1-3-7　银锅灶
通高13、口径8、底径8.3厘米
现藏蚌埠市博物馆

6-1-3-8　银烛台
通高14、盘径7.4、足径6.7厘米
现藏蚌埠市博物馆

6-1-3-9　银锁
长35厘米
现藏蚌埠市博物馆

第四组　嘉山明代李贞夫妇墓

1969年，在嘉山县（今明光市）板桥发现明太祖朱元璋的二姐朱佛女吴孝亲公主、姐夫李贞合葬墓，俗称"曹姑坟"。墓上原有高大封土堆，墓前有石人、石兽等神道石刻，惜被破坏。该墓由一前室、两前耳室、两后室构成，南北向，墓室全长7、宽4.2米。其中前室与西后室相连，为李贞墓室。在墓室门前出土圹志一合，志盖上刻"有明陇西恭献王墓"8字，志文478字，为其子李文忠撰写。韩国公、参军国事李善长书。右后室单独开门，出土1件玉灵碑，碑文曰："吴孝亲公主朱氏之枢"，为李贞夫人墓室。根据《明史·列传第九》和墓志记载，朱佛女为朱元璋二姐，太原主母妹，嫁李贞，元至正十三年（1353年）卒。洪武元年（1368年）追册主为孝亲公主，封贞恩亲侯驸马都尉。先是兵乱，主未葬，命有司具礼葬于李氏先墓。诏曰："公主祠堂碑亭，其制悉视功臣之赠爵为王者。三年改册主陇西长公主。五年，以（子）文忠贵，加册曹国长公主，并进贞右柱国曹国公。李贞死于洪武戊午十月（十一年，1378年），享年七十六岁。追封陇西王，谥恭献。是年十二月庚申，归葬盱眙县灵迹乡冷水涧之原。该墓曾被破坏，出土金器、玉器、铜器及圹志等共34件，绝大部分出土于孝亲公主墓中。金器有金簪、耳坠、压发、无字金钱等；玉器有玉灵碑、玉杯、玉童子、玉饰、玉鹦鹉、玉凤等；铜器有锅、铲、勺等。该墓的发现，对明史的研究具有重要价值。

6-1-4-1　玉执荷童子

高2.5、宽1.8、厚0.8厘米

现藏安徽省博物院

6-1-4-2　玉簪首

高5.75、宽1.65、厚0.45厘米

现藏安徽省博物院

6-1-4-3　凤鸟纹玉簪首

左：长3.95、宽2.54、厚0.4厘米

右：长2.83、宽1.8、厚0.2厘米

现藏安徽省博物院

$\dfrac{5}{6}$

6-1-4-5　金簪、金耳坠
葫芦形耳坠长5.4、珠径0.8厘米
现藏安徽省博物院

6-1-4-6　铜锅
通高7.7厘米
现藏安徽省博物院

第五组　凤阳明代严端玉墓

1990年7月，凤阳城西乡余庄村清理了明初严端玉墓。该墓为长方形单砖室墓，南北向，由墓室、两耳室和北壁龛构成，长5.42、宽3.65、高2.96米。北壁龛前放置一座砖质模型门枋。墓内出土墓志一方，志盖阴刻篆书"京兆郡夫人严氏墓志"，墓志计21行，共350字。据记载，墓主严端玉，淮南楮格人，生于有元元统甲戌年（1334年），卒于明永乐六年（1408年）。其夫韦德成，明初随驾征战有功，后在宣州战死，谥京兆郡侯，严氏亦随封为京兆郡夫人。其子韦善，曾任明中都留守司副留守。该墓出土遗物50余件，有梵文金发冠、圆锥形金发簪、葫芦形金耳坠、凤鸟纹金簪、玉带板、银器、瓷碗、瓷壶和砖质地券等。所出成套使用的金玉首饰，既为研究元明之际冠饰提供了珍贵的实物资料，也是难得的艺术珍品。

6-1-5-1　玉带板

大三台：长4.9、宽4、厚0.5厘米

小三台：长3.8、宽1.44、厚0.4厘米

辅弼：长3.45、宽1、厚0.6厘米

圆桃：长2.77、宽2.1、厚0.44厘米

铊尾：长6.55、宽2.88、厚0.55厘米

排方：长6.5、宽2.77、厚0.6厘米

现藏凤阳县文物管理所

6-1-5-2　梵文金发冠
高6.5、长16、宽6.5厘米，重18.7克
现藏凤阳县文物管理所

6-1-5-3　圆锥形金发簪
通长11厘米，重14克
现藏凤阳县文物管理所

6-1-5-4　葫芦形金耳坠
玉葫芦长2厘米
现藏凤阳县文物管理所

6-1-5-5　凤凰纹金簪
通长11.5厘米，分别重13.1和13.8克
现藏凤阳县文物管理所

第六组 歙县黄山仪表厂明代墓葬

1993年7月，歙县黄山仪表厂基建工地发现明代初年土坑墓一座。内有木棺一具，尸骨已朽，出土一批精美的金器和玉器。金器有凤纹霞帔金坠、凤形金簪、永乐款圆锥形金簪等。金坠采用锤、透雕、焊接、线刻、压模等加工工艺，纹饰精美绝伦，造型精细规整，技术娴熟，显示了明代金银器技术的发展水平。霞帔金坠的金钩内侧刻有铭文："内官监造足色金计贰两重钩圈金"。另一件金簪上刻有"永乐七年（1409年）十二月十四日承奉司造"铭款。玉器有尖首形青玉谷点纹圭和一副两套玉组佩饰，玉组佩比较完整，由2件云形佩、1件梯形佩、2件小玉圭、1件葵花形佩、2件璜、2件滴形坠及742粒玉珠用丝线穿连而成，佩、璜上阴刻凤纹或祥云，并填以描金，比较珍贵。从墓中出土器物形态、规格及铭款考察，这些器物均为内官监造，具有较高的工艺价值。墓主人为女性，其身份应与明初皇宫内院有一定联系。

l

l

a

b

6-1-6-1 描金凤纹玉组佩（1套10件）

a、b.云形佩：长8.17、宽4.3、厚0.39厘米

c.云形佩：长7.5、宽4.4、厚0.47厘米

d.梯形佩：长4.22、宽7.3、厚0.33厘米

e.葵花形佩：长4.2、宽3.8、厚0.3厘米

f.小玉圭：长3、宽1.98、厚0.35厘米

g.璜：长5.7、宽2.1、厚0.3厘米

h.滴形坠：长2.8、径1.3厘米

现藏歙县博物馆

h

l

c

l

d

l

e

f

g

6-1-6-3　霞帔金坠

通长15.2、宽6.2、厚2厘米，重82克

现藏歙县博物馆

6-1-6-3　霞帔金坠

通长15.2、宽6.2、厚2厘米，重82克

现藏歙县博物馆

6-1-6-4　凤形金簪

簪首6×6、杆长19厘米，重132克

现藏歙县博物馆

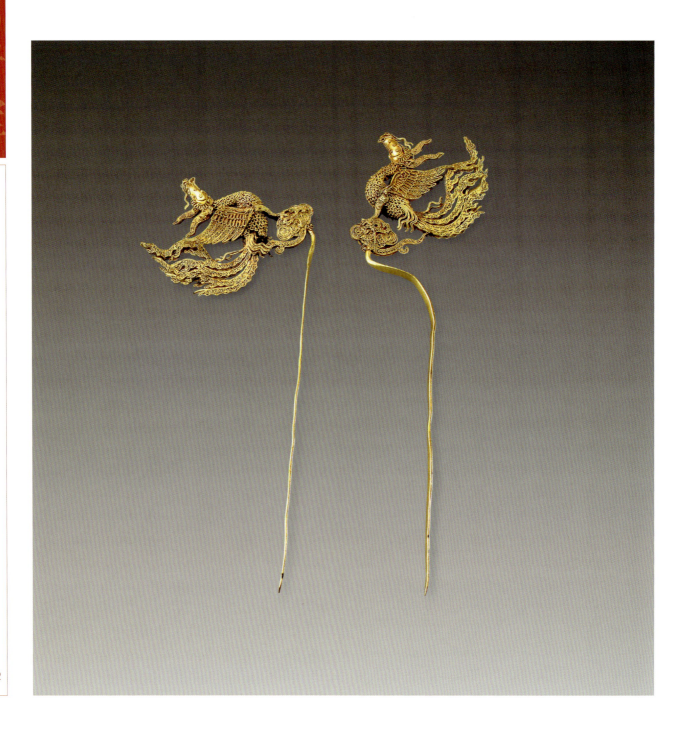

6-1-6-5 "永乐"款圆锥形金簪
有款的2件，一长11.4、另一长13厘米
现藏歙县博物馆

第二单元 重要窖藏考古发现

窖藏文物品种单一，但无不为贵重、精美之物。这一时期的窖藏主要有金银器、瓷器、玉器三大类。金银器窖藏，主要有1955年合肥原孔庙工地发现的窖藏。瓷器窖藏，在潜山、歙县、合肥、繁昌、寿县等地均有发现。1975年合肥原天王寺工地，发现明代窖藏景德镇瓷器一坛，种类有青花、白瓷，器形有盘、碗、碟等，部分瓷器底部有"大明成化年制"、"博古斋"等款识，是研究古代瓷器工艺发展的重要实物。玉器窖藏发现不多，有灵璧和东至等处，出土的玉器不乏珍品。其他还有钱币窖藏，如1984年原宣城县人民政府大院内出土一罐明代银元宝和银锭，计五十两重元宝9枚、十两重银锭4枚，共重490两。银元宝腹面阴刻铭文，如"代州征完四十六年秋良（银）五十两，良（银）匠杨仪"等，应为明万历年间产品。

第一组 合肥窖藏元代金银器

1955年10月合肥市原孔庙基建工地发现一个用铜盘覆盖的大陶瓮，内装金银器102件，其中金器10件，为碟、杯两种，重46市两；银器91件，有碟、杯、果盒、壶、匜、碗、筷、勺等；残铜盘1件。这批金银器采用捶打、线刻、模铸等工艺，制作精致，造型优美。尤其是银果盒表面刻有数十种折枝花卉图案，刻工健劲匀细，构图紧凑和谐，形象生动逼真，显得十分华丽。这批金银器中有"章仲英造"、"庐州丁铺"、"至顺癸酉"等字样，据此认为该批金银器是元代文宗至顺四年（1333年）庐州丁铺匠师章仲英制作的，它们真实地反映了元代庐州金银器手工艺的高超技艺。

元明清辉

$\dfrac{1}{2}$

6-2-1-1　金碟
口径16.4、底径13.2厘米
现藏安徽省博物院

16-2-1-2　金酒杯
高2.5、口径8厘米
现藏安徽省博物院

6-2-1-4 "至顺癸酉"银玉壶春瓶
通高51、口径9.5、底径11.8厘米
现藏安徽省博物院

5
6
7

6-2-1-5　银勺（银匜）
高5.5、口径18.2、底径11.9厘米
现藏安徽省博物院

6-2-1-6　银托盏
盘口径16.9、底径13.4厘米
杯高2.5、口径7.9厘米
现藏安徽省博物院

6-2-1-7　银筷
长25.5厘米
现藏安徽省博物院

元明清辉

第二组 繁昌窖藏元代瓷器

1998年，繁昌县新港街道发现一批元代窖藏，出土了20多件精美的元代瓷器。这批瓷器有青花高足杯、青花龙纹罐和凤纹罐、蓝釉胆瓶和三足炉、哥窑贯耳瓶、青白釉带座三足炉等，品种多样，造型优美，釉色晶莹温润，工艺精湛，是难得的艺术珍品。

1│2

6-2-2-1 青花高足杯
高10.5、口径12.3、底径4厘米
现藏繁昌县博物馆

6-2-2-2 青花高足杯
高9.6、口径11.3、底径3.8厘米
现藏繁昌县博物馆

6-2-2-3　青花高足杯
高9.5、口径11.4、底径3.7厘米
现藏繁昌县博物馆

6-2-2-4　青花高足杯
高9.5、口径11.5、底径3.7厘米
现藏繁昌县博物馆

6-2-2-5　青花龙纹罐
高38.7、修复口径15.8、腹围99.5、底径18.4厘米
现藏繁昌县博物馆

6-2-2-6　青花凤纹罐
通高45.2、修复口径16、腹围102、底径18厘米
现藏繁昌县博物馆

6-2-2-7 蓝釉胆瓶
高20、口径3.2、腹围28.5、底径4.4厘米
现藏繁昌县博物馆

6-2-2-8 蓝釉三足炉
高11、口径11.1、腹围39.5厘米
现藏繁昌县博物馆

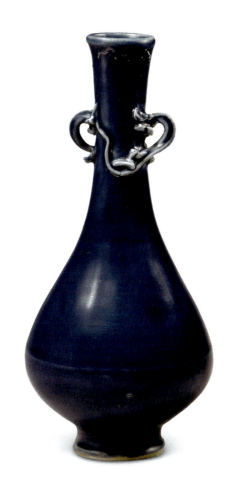

6-2-2-9　哥窑贯耳瓶
高14、口径5.2×4.1厘米
现藏繁昌县博物馆

6-2-2-10　青白釉爵杯
高7.5、口长9.7、口宽5.4厘米
现藏繁昌县博物馆

第三组　歙县窖藏元代瓷器

　　1982年和1984年在歙县城关出土两批元代瓷器窖藏，计有160多件。在县人民银行工地一次出土54件，有戗金卵白釉把杯、蓝釉瓷爵杯、葫芦形执壶、卵白釉高足把杯、"太禧"卵白釉把杯、匜、盘、香炉等。其中戗金是元代创制的一种瓷器新工艺，传世者甚少，为元代瓷器珍品。在县医药公司工地出土枢府窑卵白釉瓷器109件，器形有盘、碗，在器内印花纹饰中有对称的"枢"、"府"二字，其胎体厚重、胎骨洁白，青白色釉，质地精良，造型优美，是元代枢府瓷中的罕见珍品。

6-2-3-1　"枢府"款卵白釉印花折腹碗

高4.5、口径11.5厘米

现藏歙县博物馆

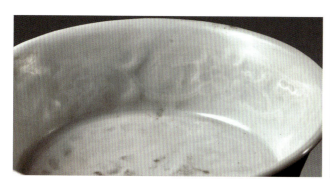

6-2-3-2 "枢府"款卵白釉印花盘
高4.2、口径15.7厘米
现藏歙县博物馆

6-2-3-3 卵白釉爵杯
高9.6、口径6.7～10.5厘米
现藏歙县博物馆

6-2-3-4 卵白釉印花高足杯
高11.2、口径13.1厘米
现藏歙县博物馆

6-2-3-5　卵白釉描金高足杯
高8.9、口径9.1厘米
现藏歙县博物馆

6-2-3-6　卵白釉葫芦形执壶
高24、口径2.8、足径7.8厘米
现藏歙县博物馆

7
—
8

6-2-3-7 卵白釉印花匜
高4.7、口径14.4厘米
现藏歙县博物馆

6-2-3-8 卵白釉带座双耳香炉
高10.2、口径4.7、底7×4.3厘米
现藏歙县博物馆

第四组　东至窖藏明代玉带板

1984 年 4 月，该套玉带板于安徽东至县平原乡莲花村二房队建房时出土。新疆和田玉质，色呈青白，1 套 20 块。其中圭状铊尾 2 块，长方形玉 12 块，桃形玉 6 块。每块背面均凿有二至四对数量不等的隧孔，以便与革连缀起来。带板正面琢龙凤纹单层浮雕，有三种类型：铊尾及较大的方形玉琢龙凤纹，六块桃形玉琢龙纹，四块竖条状玉琢凤纹。龙凤有合有分，以龙为主，泾渭分明。飞龙侧身行走貌，龙爪车轮状，具备明代玉雕龙纹风韵。

此玉带板出土地原为明孔贞运后花园。孔贞运，孔子 63 代孙，官至礼部尚书兼文渊阁大学士，加封太子太保。崇祯末年辞职归里，乡人尊之为"孔阁老"。其所佩玉带或出自宫廷玉工之手。

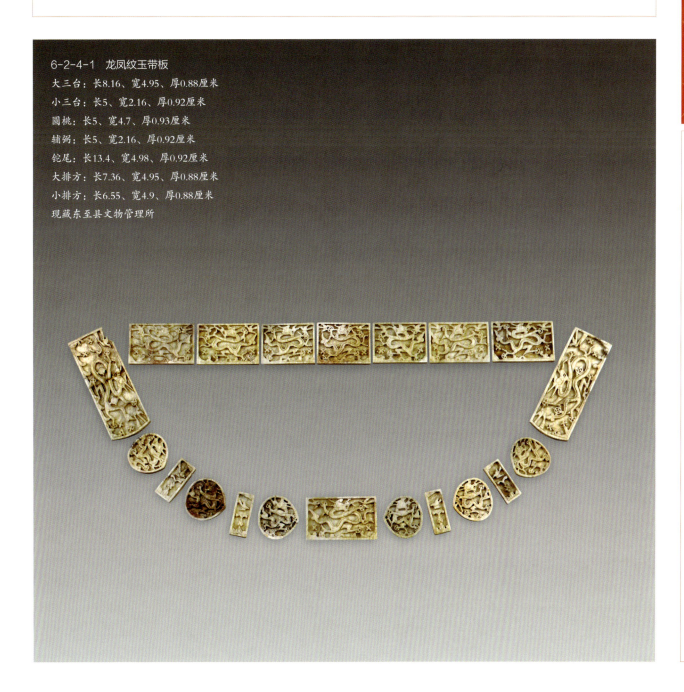

6-2-4-1　龙凤纹玉带板
大三台：长 8.16、宽 4.95、厚 0.88 厘米
小三台：长 5、宽 2.16、厚 0.92 厘米
圆桃：长 5、宽 4.7、厚 0.93 厘米
辅弼：长 5、宽 2.16、厚 0.92 厘米
铊尾：长 13.4、宽 4.98、厚 0.92 厘米
大排方：长 7.36、宽 4.95、厚 0.88 厘米
小排方：长 6.55、宽 4.9、厚 0.88 厘米
现藏东至县文物管理所

第五组　灵璧窖藏清代玉器

　　1973年灵璧县高楼公社发现一窖藏，出土一批玉器。这批玉器有观音像、玉璧、玉牌、水盂、麒麟、带钩、山子等玉器，以及水晶仕女等，时代为明清时期，多为把玩件及摆件，具有浓郁的民间世俗气息，是研究这一时期民间制玉工艺的实物资料。

6-2-5-1　玉观音像
高19、宽7.8、厚4厘米
现藏灵璧县文物管理所

6-2-5-2　玛瑙仕女
高15.65、宽5.15、厚3.8厘米
现藏灵璧县文物管理所

6-2-5-3　玉龙纹水盂
高3.1、口径3.9、腹径5.9厘米
现藏灵璧县文物管理所

6-2-5-4　玉麒麟
高5.7、长11.5厘米
现藏灵璧县文物管理所

6-2-5-5　玉璧
直径5.7、厚0.85厘米
现藏灵璧县文物管理所

第六组　寿县窖藏清代瓷器

　　1996年，在寿县城关发现一清代窖藏，出土瓷器600多件。瓷器主要种类有杯、碗、盏、碟、盆、罐、瓶、帽筒等，品种有白釉、青花、霁蓝、粉彩描金等，造型各异，色彩斑斓，琳琅满目，为安徽窖藏瓷器中出土数量最多的一批。

$\dfrac{1}{2}$

6-2-6-1　白釉暗刻海浪纹盘　清　乾隆
高4.5、口径18.2、足径11厘米
现藏寿县博物馆

6-2-6-2　霁蓝釉盘　清　乾隆
高3.5、口径16.8、足径10.3厘米
现藏寿县博物馆

6-2-6-3　粉彩描金宝相花菱口高足盘　清 同治

高6、口径25.2、足径15厘米

现藏寿县博物馆

6-2-6-4　粉彩描金暗八仙纹菱口盘　清 同治
高5.3、口径25.1、足径15厘米
现藏寿县博物馆

第三单元 其他出土文物精品

第一组 瓷器

在元明清时期的墓葬和窖藏中，还零星出土了不少精美的瓷器。器类主要有盖罐、玉壶春瓶、梅瓶、大盘、瓷枕、碟、盘、瓶以及人物瓷塑等，有龙泉、景德镇、磁州等窑口产品，有青花、青白、影青、白地黑花、法华釉、粉彩等品种，可谓五彩斑斓，争奇斗艳，甚是珍贵。

6-3-1-1　龙泉窑青釉刻花纹盖罐　元

高32、口径25.2、腹围102、底径19厘米

原黄山市文物商店移交

现藏安徽中国徽州文化博物馆

$\dfrac{2}{3}$

6-3-1-2 青白釉玉壶春瓶 元
高29.3、口径7.8、足径10厘米
1976年凤阳县官沟乡明初墓葬出土
现藏凤阳县文物管理所

6-3-1-3 龙泉窑青釉梅瓶 元
高20.5、口径5、足径4厘米
1974年凤阳县刘府乡耿冲村明初墓葬出土
现藏凤阳县文物管理所

元明清辉

6-3-1-4　白地黑花人物罐　元
高29.5、口径20、底径14.4厘米
1973年亳县杨楼公社董园村出土
现藏亳州市博物馆

6-3-1-6　龙泉窑青釉龙纹大盘　元

高7.7、口径33、底径11.5厘米

1996年广德县防疫站大楼基建工地出土

现藏广德县文物管理所

6-3-1-7 龙泉窑青釉龙纹大盘 元

1996年广德县防疫站大楼基建工地出土

现藏广德县文物管理所

6-3-1-8 龙泉窑青釉龙纹大盘 元

1996年广德县防疫站大楼基建工地出土

现藏广德县文物管理所

6-3-1-9　青花带座供瓶　元

通高25.2、口径2.2、底径7.8厘米

1984年青阳县庙前镇出土

现藏青阳县博物馆

6-3-1-11　青花孔雀牡丹纹梅瓶　明

高31、口径5、底径10.5厘米

现藏安庆市博物馆

12

13

6-3-1-12　法华釉三彩荷叶形枕　明

高18.3、长23.5、宽18.3厘米

原黄山市文物商店移交

现藏安徽中国徽州文化博物馆

6-3-1-13　万历青花五彩人物盖罐　明

高15、口径5.1、腹围32.3厘米

原黄山市文物商店移交

现藏安徽中国徽州文化博物馆

6-3-1-14　青花葵口折枝花卉纹盘　明
高2.5、口径19.8、底径12.8厘米
现藏安徽省文物总店

6-3-1-15　青花携琴访友图碟　明
高3.6、口径11.2、足径5.4厘米
1985年萧县张庄寨出土
现藏萧县博物馆

6-3-1-16 青花山水纹碗 明

高5.6、口径14.6、足径7.2厘米

1997年寿县正阳镇木匠街窖藏出土

现藏寿县博物馆

17

18

6-3-1-17　青花凤凰纹牡丹纹瓶　清
高22.9、口径8.1～8.3、底径6.3厘米
1991年含山县张町乡窖藏出土
现藏含山县文物管理所

6-3-1-18　青花童子抱琴图盖罐　清
通高12、口径10、足径6.4厘米
1991年含山县张町乡窖藏出土
现藏含山县文物管理所

6-3-1-19 青花麒麟凤凰芭蕉纹盖罐 清

通高37.7、口径13.5、底径15厘米

1979年枞阳县浮山镇出土

现藏枞阳县文物管理所

第二组　其他文物

这一时期，各地还出土了不少其他各类文物，如李鸿章家族墓出土的金币、蚌埠出土的银元宝，以及各类官印、明代鎏金铜佛像、清代砝码、明代铜钟、明末铁炮、明清玉器等，其中不乏珍品，对了解这一时期的历史有着重要意义。

1
—
2

6-3-2-1　"大元通宝"雕母　元
直径4、厚0.4、孔径1.4厘米，重约50克
1984年望江县城郊沿河村出土
现藏望江县文物管理所

6-3-2-2　"延祐三年"崇法寺钟　元
通高45、口径23厘米，重13.65公斤
1984年广德县四台乡洪冲村崇法寺废基出土
现藏广德县文物管理所

6-3-2-3　龙凤元年"元帅之印"铜印　元末

通高9.5、印面9×9厘米

1978年六安市城北物资局工地出土

现藏安徽省博物院

6-3-2-4 龙凤四年"管军总管府印"铜印 元末
高8.3、印面8×8厘米
1975年金寨县燕子河出土
现藏金寨县文物管理所

$$\frac{5}{6}$$

6-3-2-5　"庆元县丞印"铜印　明
1986年蚌埠金光钢厂工地明墓出土
现藏蚌埠市博物馆

6-3-2-6　崇祯九年造铁炮　明
长78、口径11.3厘米
1981年亳县西门城墙角出土
现藏亳州市博物馆

元明清辉

6-3-2-7　"天聪通宝"金币　清
直径2.6、厚0.1厘米，重7克
1958年肥东店埠镇李鸿章侧室穆氏墓出土
现藏肥东县文物管理所

6-3-2-8　"乾隆通宝"金币　清
直径2.6、厚0.1厘米，重6克
1958年肥东店埠镇李鸿章侧室穆氏墓出土
现藏肥东县文物管理所

6-3-2-9　"嘉庆通宝"金币　清
直径2.6、厚0.1厘米，重7克
1958年肥东店埠镇李鸿章侧室穆氏墓出土
现藏肥东县文物管理所

6-3-2-10　周元路制银元宝　清
长11.8、宽6.5、高7.5厘米
1973年蚌埠市郊区出土
现藏安徽省博物院

6-3-2-11 铭文盒式砝码 清

长5、宽3.1、厚2.4厘米

1987年宣州市鳌峰办事处吴村农田出土

现藏宣城市博物馆

后 记

安徽历史悠久，人文荟萃，文物古迹众多。新中国成立以来，安徽的文物考古工作者在党的文物工作方针指导下，坚持以保护和弘扬中华优秀文化遗产为己任，勇于探索发现，取得了一系列在全国有重要影响的考古新发现，填补了许多历史空白。

考古学是根据古代人类通过各种活动遗留下来的实物研究人类古代社会历史的一门科学。每一次重要的考古发现，都或多或少地扩展了人类社会认识历史的视野，丰富补充了历史科学的内涵。长期以来，由于对考古知识普及、宣传不够，许多文物放在库房，"养在深闺人未识"，使考古工作一直笼罩在神秘的色彩之中，公众对考古发现的理解和认识甚少。在当今社会，随着人们文化遗产保护意识的增强和信息传播技术手段的多元化，社会公众对考古工作的关注度越来越高。因此，考古工作在保护文化遗产、阐释人类社会历史的同时，更要走出象牙塔，面向社会公众，提供精神文化产品，发挥考古学在文化遗产保护和文明传承中的巨大作用。

在迎接新中国成立60周年之际，在安徽省文化厅的指导下，由安徽省文化厅主办，安徽省文物局、安徽省文物考古研究所、安徽省博物院承办的"建国60周年安徽重要考古成果展"，在2009年中国第四个文化遗产日隆重推出。举办这个展览，旨在向社会公众全面介绍建国60年来安徽考古工作的新发现、新成果，普及考古知识，提高公众保护文化遗产意识，让观众了解认识安徽丰厚的历史文化，激发观众热爱家乡的情怀和建设美好安徽的愿景。

这个展览是我省历年来规模最大、时间跨度最长的一次考古专题展览，也是安徽历年考古新发现、新成果首次大汇展，凝结了我省几代文博工作者在考古发掘与研究成果上的独特贡献。为精心打造这个展览，主办方与承办方联合省内外50多家文博单位，调集、遴选了各类文物精品800多件，其中很大一部分文物是首次与观众见面，可以说是一次文化盛宴。本次展览规模宏大，展品琳琅满目，观众踊跃，好评如潮，收到了良好的社会效果。

这个展览汇集了建国60年来安徽考古所发现的绝大部分重要文物精品，十分难得。为了完整记录这个难忘的展览，在展览结束后，安徽省文化厅决定由安徽省文物局、安徽省文物考古研究所负责具体编辑工作，将展览以文物图集的形式编辑出版，记录下这一美好记忆，以飨后人。本图录编辑尊重原展览风格，以展陈大纲体例为基础，增加了前言部分，以使读者整体了解安徽考古60年成果概况。在编辑过程中，对章节文字、文物定名和基本信息等情况进行了补充和修改，以增强图录的可读性和资料的科学性。本书的编辑出版，得到了全体参展单位和文物出版社的大力支持，在此一并致谢！

本书编辑过程中，难免存在遗漏和不足，敬请读者予以原谅。

编　者

2013年8月10日